天下文化 35 週年
Believe in Reading 相信閱讀

從日出到日落的守護

雙和醫院滾動醫療團在馬紹爾群島的故事

林進修——文／攝影

Minami-tori-shima
(JAPAN)
Wake Island
(U.S.)
ern
nna
ds
)
Entwetak
密克羅尼西亞聯邦
馬紹爾群島
Kwajalein
Pohnpei
Palikir
馬久羅
LANDS
KIRIBATI
(GILBERT
ISLANDS)
Tarawa
Yaren District
NAURU
Banaba
New
Ireland
Sea
KIRIB
Bougainville
SOLOMON
ISLANDS
New Britain
Solomon
Sea
Honiara
Funafu
TUVALU
Alotau
Guadacanal
SANTA CRUZ
ISLANDS
Rotuma

Wenzhou
Fuzhou
Quanzhou
Xiamen
Guangzhou
Shantou
Hong Kong S.A.R.
Macau S.A.R.
Taipei
台灣
Kaohsiung
Luzon Strait
Okinawa
Naha
RYUKYU ISLANDS (JAPAN)
DAITO-SHOTO (JAPAN)
Okino-tori-shima (JAPAN)
VOLCANO ISLANDS (JAPAN)
Philippine Sea
South China Sea
Manila
PHILIPPINES
Saipan
Hagåtña
關島
Samar
Panay
Iloilo
Cebu City
Bacolod
Negros
Palawan
Sulu Sea
Cagayan de Oro
Melekeok
帛琉
Zamboanga
Davao
Bandar Seri Begawan
BRUNEI
MALAYSIA
Borneo
Celebes Sea
Manado
Halmahera
Ternate
Molucca Sea
Samarinda
Balikpapan
Palu
Sulawesi
Banjarmasin
Sorong
Biak
Ceram
Buru
Jayapura
Kendari
Ambon
巴布亞紐幾內亞
Makassar
Java Sea
Banda Sea
Surabaya
印度尼西亞
Java
Bali
Sumbawa
Flores
Dili
Denpasar
Lombok
TIMOR-LESTE
Arafura Sea
New Guinea
Kupang
Sumba
Timor
Timor Sea
Torres Strait
Ashmore and Cartier Island (AUSTRALIA)
Darwin
Gulf of Carpentaria

目次 Contents

006 守護馬紹爾——最令人信任的醫院——外交部部長 李大維
009 以醫衛軟實力打造全球福祉——衛生福利部部長 陳時中
011 醫護之情．邦誼之手——中華民國駐馬紹爾群島共和國大使 唐殿文
014 愛，在太平洋晴空飛揚——臺北醫學大學校長 閻雲
018 見證醫者之心——衛生福利部雙和醫院院長 李飛鵬

從餐桌開始健康革命

024 為三高戰爭備糧
056 全面打擊糖尿病

醫療服務不間斷

082 滾動醫療團一舉數贏
098 走向前線，主動防治

跨越太平洋的後盾

124 有你們真好！
168 將愛延伸到醫院之外

生活在馬紹爾

186 生命的歷史傷痕
198 小店內的健康風暴
206 飛越兩萬里

守護馬紹爾——最令人信任的醫院

李大維
外交部部長

我國自二〇〇四年起持續推動與馬紹爾群島共和國的醫療合作，而雙和醫院在二〇一三年起承接我國對馬國之醫衛合作計畫之重責大任，發揮愛心及犧牲奉獻精神，每年均派遣行動醫療團，千里迢迢從台灣遠赴馬國與當地的醫院與醫護人員合作；本人有幸帶領外交團隊與雙和醫院專業、負責以及熱情的夥伴一起合作，共同推動醫療衛生計畫，與衛福部及雙和醫院共同締造了許多亮眼的成績，不但使馬國病患得到妥適的醫療照護，也讓我旅居馬國的僑胞能安心定居，深獲各界肯定。

本人在二〇一七年四月應邀訪問馬國期間，於四月十四日見證馬國衛生部與雙和醫院簽署醫療轉診合作協定，馬國政要及許多友人均向本人肯定雙和醫院表現出色，醫療品質與價格均較原外送之檀香山及馬尼拉為佳，我與馬國雙邊關係也藉著醫療合作而更臻密切，這些都是雙和醫院績效卓越的明證。本人也親睹我醫生與護理師熱心投入醫療工作並廣受當地人士敬重。

除了推動醫療合作計畫外，鑒於非傳染性疾病（Non Communicable Diseases, NCDs）是馬國人民健康的最大挑戰，雙和醫院亦長期致力推動馬國國民建立均衡之飲食習慣，並與當地政府、學校、非政府組織及教會等機構合作，致力降低馬國人民罹患心血管疾病的比率。此外，雙和醫院醫療團隊也自我國引進各式醫療器械，提升當地醫療硬體設施，並積極協助急重症病患轉診來台就醫。雙和醫院已成為馬國最令人信任的醫院，其視病猶親的無私貢獻精神，令人感佩。

《從日出到日落的守護：雙和醫院滾動醫療團在馬紹爾群島的故事》一書生動展現了醫病之間密切的互動與關懷，以鮮活文字分享有高度使命感的我國醫護人員在馬國執行醫衛工作之心得與成果；雙和醫院的付出與努力已在馬國留下了深刻印記，也因此為中華民國贏得太平洋人民的友誼、尊敬與感謝，更是我國「踏實外交」的具體實踐。謹代表外交部對雙和醫院表達由衷敬佩與誠摯感謝，並期待國內熱心的醫護界朋友們持續攜手努力，共同精進未來的國際醫療合作計畫。

以醫衛軟實力打造全球福祉

陳時中
衛生福利部部長

疾病無國界，無論哪一個國家的衛生安全出現漏洞，都可能引發刻不容緩的國際危機，不論多年前的 SARS（嚴重急性呼吸道症候群）或近年的茲卡病毒等傳染病，都是深刻的前車之鑑。

因此，為了提升國人的健康和生活品質，在全球化時代，衛生福利部除了健全台灣的醫療照護與福利服務體系之外，加強國際交流合作、達成國際接軌，更是重要的使命與願景。

十多年來，台灣的醫療團隊積極在開發中國家深耕。其中，二〇一四年起衛福部受外交部所請，委託國內醫院辦理「太平洋六友邦及友我國家醫療合作計畫」，藉由輸出台灣優質的衛生醫療經驗，彰顯我國醫衛軟實力，執行以來深獲友邦支持與肯定。而雙和醫院在馬紹爾群島共和國展開的臺灣衛生中心計畫，正是典範之一。

馬紹爾群島當地西化的飲食習慣，引發嚴重的肥胖、糖尿病等問題，不健全的公共衛生觀念和設備，也讓他們身陷寄生蟲、結核病等傳染病的危機中。而雙和醫院在馬紹爾推動醫療計畫，提供優質的醫療服務、專業訓練與緊急醫療救援的成果，讓我們看見跨越政府部門，以及結合民間力量的合作模式，不僅協助友邦改善醫療衛生水準、提升健康福祉，也成功守護全球衛生安全體系。

健康是普世基本人權，我們相信全球衛生安全體系不能沒有台灣，台灣亦不能獨善其身。未來，我們將持續推動雙邊及多邊合作計畫，致力於將醫衛專業及資源貢獻予國際社會。相信經由我們的充分參與及努力，可將台灣的人道精神與精湛的醫療技術推向國際，拓展更寬廣之醫衛外交空間，讓台灣的醫衛實力和愛心持續在全世界發光發熱。

醫護之情・邦誼之手

唐殿文
中華民國駐馬紹爾群島共和國大使

初識進修兄時，本人亦初抵馬紹爾群島共和國，在訪問過程中，深感進修兄洞悉馬紹爾歷史文化，並能深入理解我國與馬國在各層面緊密的關係，對於進修兄的用心感到欽佩萬分。在進修兄的文筆下，生動地將馬紹爾文化、台灣旅居馬國僑民奮鬥經歷，以及我國醫療人道援助及農業技術合作表達得淋漓盡致，本人亦認為，此書對於鮮少聽聞我友邦馬紹爾群島共和國的國人，相當值得推薦閱讀。

自一九九八年中華民國和馬紹爾群島共和國建交並互設大使館以來，兩國始終維持友好緊密關係，馬國多次在聯合國及其他國際多邊場域為我執言，此力挺我國之情誼令人感動，因此，我國也在友邦之醫療及農業技術上情義相挺。

馬國人的飲食習慣是過往歷史造成的結果，已成的事實，頗難改變。本人就任大使至今已近八個月，亦能體會多數馬國民眾難以負擔昂貴的進口蔬果，故當務之急，除著重於醫療支援外，技術團所推廣之農業技術合作如農民市集、輔導農民栽種及訓練中心計畫，以及衛生中心推廣之糖尿病防護網、寄生蟲篩檢等社區公共衛生計畫，皆是落實我國竭力協助友邦改善人民飲食習慣、提升公共衛生水準，及一同打擊糖尿病的決心。

馬國醫療資源相當有限，故自二〇〇四年十二月台馬雙方簽署「雙邊衛生合作協定」以來，兩國即在衛生領域進行積極的交流合作。二〇〇八年，我國於馬國成立「臺灣衛生中心」，二〇一三年，外交部委託衛福部辦理「太平洋六友邦及友好國家醫療合作計畫」，並由衛生福利部雙和醫院承接臺灣衛生中心業務，在本書中亦可看到雙和醫院過去四年來在馬國醫療服務的貢獻，包括逐年增加派駐人次，讓當地居民及旅居馬國僑民獲得更好的醫療服務、致力改善雙和醫院與馬國衛生部轉診制度，讓重症病患更便利轉診至台灣就醫、主動深入社區建立糖尿病防護網絡、協助建置醫療資訊系統等，不僅以創新的服務照顧更多馬國人民，醫護人員的熱心更贏得馬國政府及人民的信任及友誼，未來本館亦將繼續整合台灣軟實力，為友邦及僑胞締造福祉，鞏固邦誼。

此書彙集了許多夥伴的寶貴經歷，閱讀完有如看見了不同的世界，也願讀者能在書中看見我國協助友邦的堅持與努力，並給予更多支持及鼓勵。

愛，在太平洋晴空飛揚

閻雲
臺北醫學大學校長

「馬紹爾群島在哪啊？」

「它是在太平洋上的島國，我們北醫派遣的醫療團在那裡！」

這是北醫同仁與友人聊天，談到北醫推動國際醫療的對話。

確實，在這個距離台灣幾千公里外，連轉機要花三十小時才能到達的太平洋國度，由於北醫醫療團隊跨海提供優質醫療服務，已經將兩國人民的心手緊緊連結在一起。

馬紹爾群島共和國由上千環礁（Atoll）組成，全國人口七萬多人，小國寡民。但是，它對台灣來說卻很重要，經常在國際場合為台灣發聲，是台灣關係最密切友好的邦交國之一。

二○○六年開始，臺北醫學大學萬芳醫學中心參與國合會計劃，派遣行動醫療團支援馬紹爾群島共和國，開啟北醫醫療援外的重要里程碑。

隨後，馬國也每年送醫護人員來台，由萬芳醫院代訓，學習台灣先進醫療技術與專業知識，學成返國，為當地民眾服務，成效良好。二○○九年萬芳與馬紹爾群島共和國簽訂國際醫療轉診合約，為兩國醫療合作更邁進一大步。

二○一○年臺北醫學大學雙和醫院接手馬紹爾群島國際醫療業務。擴大規模，陸續派遣各專科醫師輪流支援及一名護理師常駐，深入馬國扎根醫學教育與醫護照顧工作，為醫療無國界的人道援助盡一份心力。

這些年來，除了常駐的醫護人員，萬芳及雙和醫院，針對馬紹爾群島醫療需求不定期派遣耳鼻喉科、神經外科、眼科、新陳代謝科、泌尿科、復健科、胸腔內科、婦產科、家醫科、麻醉科、放射科等具特殊專長的專科醫師，提供短期主題醫療服務。

此外，每年寒暑假期間，北醫師生也會組隊前往馬國，就公共衛生、流行病學調查、保健營養、寄生蟲防治等社區醫學提供照護與衛教，大幅提升當地民眾醫療衛生水準，也贏得馬國政府與人民的友誼。

樂見北醫馬紹爾群島醫療團隊的成果，團員們的奉獻耕耘，希望能拋磚引玉，讓國際醫療援助效應持續發酵和擴散，喚起更多的醫界後起之秀投身國際醫療的行列。

另外，臺北醫學大學多年一直致力國際醫療合作，今後，將更積極提供醫學教育及醫療服務與資源，讓北醫的醫療技術、公共衛生、轉譯醫學、醫學資訊、生物科技等研究團隊，成為台灣駐外醫療工作夥伴最堅實的支持力量，善盡世界公民的責任與使命。

從太平洋馬紹爾群島出發，北醫國際醫療團隊陸續前進非洲、中南美洲、南亞等地區，證明了北醫參與國際醫療的抉擇是正確的，同時也讓台灣走出去，世界看見台灣。

由於北醫積極參與投入國際醫療，成果豐碩，獲得總統府、行政院、衛福部、外交部等政府單位頒獎，這對北醫來說是莫大的榮譽與鼓勵，我們一定會繼續努力走下去。

如今，《從日出到日落的守護》這本新書，完整記錄了臺北醫學大學在馬紹爾群島奉獻愛心的點點滴滴，也希望透過這些感人的故事，打動人心，大家一起把愛送到世界各個角落，讓台灣的醫療在全球發光發熱。

見證醫者之心

李飛鵬
衛生福利部雙和醫院院長

馬紹爾國際醫療支援計畫，目前是由衛生福利部雙和醫院負責，二〇一五年八月受學校派任為雙和醫院院長後才有機會參與。就任一年多以來，我曾兩度到訪馬紹爾，實地了解醫院同仁在當地服務的情況，而回國後也於今年二月在醫院大廳廊道舉辦「馬紹爾醫療人文攝影展」，讓我院全體同仁及來雙和就醫的病人能夠透過這一幅幅的畫面影像，曉得馬紹爾的醫療狀況及風土民情。

為了這本書的撰寫及出版，作者林進修先生曾數度親臨馬紹爾蒐集素材，並訪問北醫校院所有參與過馬紹爾醫療團的人員，當然亦拜訪了大使館、農技團、僑胞及其他國家NGO人員。他以深入淺出的寫作方式，充分反映了我國我院在馬紹爾醫療支援服務情形，亦非常客觀地剖析馬紹爾人民當前所面臨的醫療需求及未來改善的方法。此外，本書亦細述馬紹爾的歷史並描繪其風土民情，非常值得一讀。

在這裡我要特別感謝臺北醫學大學董事會、閻雲校長及北醫相關主管對馬紹爾國際醫療支援計畫的支持，衛生福利部、外交部長官和大使館對本院的協助與肯定，亦對長期在馬紹爾進行輔導工作的農技團及與在當地奮鬥的台灣鄉親們表達感謝之意，在我院同仁赴馬紹爾期間給予溫暖的幫助及招待。而負責馬紹爾醫療支援業務的林家瑋副院長及常駐當地的徐韻婷護理師，對於醫療支援業務的規劃及推展，更是居功厥偉。

讓我們一齊努力，本著醫者之心，持續提升馬紹爾的醫療保健，加惠當地民眾。最後，也特別感謝作者為我們的足跡留下見證。

從餐桌開始
健康革命

長期習慣高油、高鹽的多肉飲食，
讓馬紹爾民眾面對肥胖、糖尿病、心血管疾病等威脅。
臺灣衛生中心走入馬紹爾的日常生活，從飲食保健做起，
全面把關，翻轉他們的健康命運。

中華民國（台灣）技術團
TECHNICAL MISSION OF
THE REPUBLIC OF CHINA (TAIWAN)

為三高戰爭備糧

透過種植技術的輔導、仔豬的分送、烹調的課程，馬紹爾人的食物走向營養、自足，為健康奮戰鳴槍起跑。

二〇一六年九月三日，上午十點多，馬紹爾群島首都馬久羅市的天空一如以往，棉花糖般的朵朵白雲，鑲嵌在湛藍無邊的蒼穹上，潑灑出一幅太平洋島國才有的風情，看得都舒服。

走進總統府隔壁的馬久羅醫院，門診等候區的白色長椅上，坐了二、三十位看診病患，清一色都是肥肥胖胖的中老年人。

「沒辦法，自從美國託管以來，馬紹爾群島居民就迷上美式飲食，高油高脂高熱量，數十年吃下來，當然變胖。」衛生福利部雙和醫院派駐馬紹爾群島共和國臺灣衛生中心的專案專員徐韻婷說，雖然馬紹爾群島四面環海，海洋資源豐富，當地人卻不常吃魚貝海鮮，餐桌上的食物以牛肉、豬肉及雞肉居多，且烹調方式幾乎千篇一律是燒烤。

這種食物今天吃，明天也吃，長久吃下來，高血壓、高血脂及高血糖等代謝症候群逐一浮現，難免淪為糖尿病、腎臟病及心臟血管疾病患者的準候選人。

蔬食計畫的起點

為了打贏這場「三高」戰爭，重新找回他們的健康，雙和醫院二〇一三年起承接衛生福利部委託，在馬紹爾群島展開臺灣衛生中心計畫，除派遣一位護理師常駐當地服務，還推動醫療人才培訓、健康營造、青少年保健、公共衛生講座、行動醫療團駐診及國際衛生交流合作等計畫，更與馬久羅醫院締結為姊妹院。

徐韻婷於當地服務近三年，除深入各社區家庭訪視並做衛生教育，苦口婆心告誡婆婆媽媽們少把高油、高脂、高熱量的肉類食物擺上餐桌外，還和中華民國

透過農夫市集，讓馬紹爾人民開始接觸蔬菜水果，是健康革命的起點。

駐馬紹爾群島技術團合作，推出一系列蔬食計畫，鼓勵馬紹爾群島民眾多吃蔬菜水果。

她很有自信地說，「改革，就從餐桌開始吧！」

時序往前推到二〇一五年間，在當時我國駐馬紹爾群島共和國大使陳文儀的全力支持下，中華民國駐馬紹爾群島技術團選在當地最高學府馬紹爾群島學院（College of Marshall Islands, CMI）的室外籃球場，每月舉辦兩場農夫市集，由十幾位技術團輔導出來的農夫「擔綱演出」，販賣自家栽種收成的農作物。

簡化交易流程

和台灣不一樣的是，馬紹爾群島的農夫市集採「分採共銷」的銷售方式，也就是把農民送來的蔬果集中起來，分門別類後再統一販賣。比如說，A農夫、B農夫和C農夫都送來大白菜，A農夫、D農夫和E農夫則送來馬鈴薯，就把A、B、C三農夫的大白菜收成一堆，A、D、

E三農夫的馬鈴薯收成另外一堆，秤重包裝標好價格後，再一起販賣。

「這也是沒辦法的事，」技術團前團長姜義展解釋，當地教育水準不高，很多人不識字，也不太會加減乘除，要他們秤重、包裝及標價，民眾掏錢購買時再找錢給對方，腦筋十之八九會打結，只會搞得手忙腳亂。

根本解決之道，就是蔬菜及水果等農產品全都分類統一販賣，且標好統一價格，比如一包大白菜一律賣兩美元，不會這包賣兩塊三毛錢，那包賣一塊九毛錢，簡簡單單，銀貨兩訖，買賣雙方都開心。

開始吃出健康

這種產地直送，售價又比超市便宜的新鮮蔬果農產品，理應賣得嚇嚇叫才對，但事實並非如此。賣了幾個月下來，農夫市集的生意一直拉不起來，姜義展和技術團其他團員深入探討後發現，飲食習慣才是關鍵。

原來，馬紹爾群島大多數家庭都沒有像樣的廚房，往往在屋外的鐵製烤架上擺放成塊的牛肉、豬肉或雞肉，下方再以曬乾的椰子殼、椰子葉為燃料生火烤肉。

如果今天不想吃烤肉，想換別的口味，也許就拿出從超市買來的土司麵包，或是煮一鍋飯，再開罐魚或肉類罐頭，包在土司麵包裡，或淋在飯上面，攪一攪直接吃。

這種飲食習慣，幾乎沒有蔬菜水果的空間，主要原因在於，馬紹爾群島是個環礁島國，雖然經濟海域廣闊，陸地面積卻只有一百八十一平方公里，可供耕種的土地少得可憐，幾乎沒有農業可言，蔬果農產品全都仰賴進口，種類少又賣得貴，當然不容易上餐桌。

要打破這種以肉類為主的西方飲食習慣，除了鼓勵當地人從事農耕，增加蔬果產量進而降低售價外，也要用最簡單的方式教會馬紹爾群島的婆婆媽媽們烹飪蔬食料理。

一步一步改變

確定大方向後，姜義展利用農夫市集的機會，在籃球場的另一邊開設烹飪教室，由在技術團工作的馬紹爾員工輪番上陣，示範簡單蔬食料理的烹飪方法。

所謂的簡單，就必須揚棄傳統中式美食料理的煎、煮、炒、炸、煨、滷、燉、蒸等繁複手法，也不去碰各式調味佐料，只以水煮或清炒等方式，做出一道道簡單又可口的料理，讓他們多吃蔬菜，吃得高興，也吃出健康。

晚秋季節的馬紹爾群島依舊酷熱，少有雲層阻擋的陽光，囂張地在每吋肌膚上肆虐，熱得人只想往濃密的樹蔭底下躲。

二〇一六年十月十五日早上十點剛過，原本空無一人的馬紹爾群島學院室外籃球場，突然擠滿了人。因為，那天是兩週一次的農夫市集，這在封閉的小島上可是個大日子。

農夫市集固定在週末上午舉行，馬紹爾群島學院的室外籃球場是個有頂蓋且挑高近十米的場地，通風加上光線充足，不怕日曬雨淋。中華民國駐馬紹爾群島技術團輔導的農民會將自家種的蔬菜水果運來販賣，因為新鮮又價格合理，自從二〇一五年舉辦以來，就吸引很多忠實顧客，如今已建立起非常好的口碑。

技術團專家張朱揚表示，數十年來美國飲食文化大舉入侵，馬紹爾群島居民的飲食習慣已經西化，吃肉不吃菜成了家家戶戶的飲食常態。這種飲食習慣，在首都馬久羅市之外的其他外島更是顯著，有次他們在料理中加了玉米粒，只見那些外島居民竟不嫌麻煩地將玉米粒一粒粒挑出，不吃就是不吃。

「因為沒見過，所以不吃，」張朱揚無奈地說。

歸納出這個結論後，技術團決定全面輔導農民種植蔬菜水果，並選在隔週的週末上午舉辦農夫市集，就是要讓馬紹爾群島民眾多接觸蔬果，進而願意將蔬食料理端上餐桌，逐漸改變他們的飲食習慣。

為了擴大效果，每次農夫市集都邀請美國健康中心（Wellness Center）及日本國際協力機構（Japan International Cooperation Agency, JICA）等非政府組織共襄盛舉，在現場示範簡單的蔬食料理。

已在馬紹爾群島待了兩年多的JICA志工平山紀子（Noriko Hirayama）是固定班底，她很清楚飲食習慣不可能一下子就改變，只能一次又一次地慢慢往前推進。

現場示範時，平山紀子常強調她推廣的是健康飲食，而不是一般的蔬食料理，因為在蔬菜之外，她通常會再加入巧克力醬等配料，為的是增加口感和吸引力。

比如說，她常做的鬆餅以切碎的地瓜葉及玉米為主，加入巧克力醬拌成泥狀，再以少量油煎成有鬆軟口感的蔬菜巧克力醬鬆餅，吃過的人都說好。

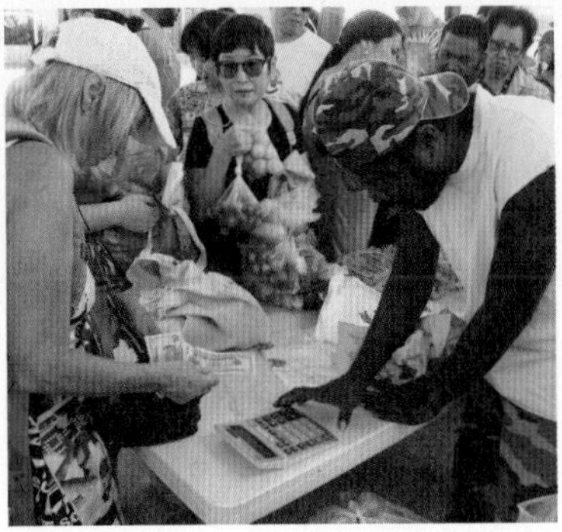

馬紹爾很難看到現採的新鮮蔬果，因此農夫市集交易熱絡。

平山紀子認為，只要能達到推廣健康飲食的目的，這一點點的妥協根本就不算什麼。

美國健康中心也認同她的理念，在另一攤位專心料理的烹飪志工艾肯（Telsay Aikne），先在熱鍋上把薑末及蔥段爆香，接著加入適量的豬後腿絞肉一起拌炒，等絞肉炒到八、九分熟後，再將大把芥藍菜放進去大火快炒。才一下子功夫，一道香噴噴的芥藍菜炒肉末就上桌了。

熱鬧的市集現場

在二〇一六年十月十五日那場農夫市集上，來自蘿拉（Laura）地區的多戶農家紛紛將自己種的小白菜、芥藍菜、玉米、茄子、地瓜葉、芭蕉、木瓜、椰子及萊姆等蔬果往攤位上擺，一旁則是早已排好隊的長長人龍。

十點一到，只見人群蜂擁而上，快手快腳地拿起早就相準的一包包蔬果。不到半小時，全部農產品一掃而空，看得技術團技師張惠群及專家張朱揚嘴角不禁上揚起來。

張朱揚透露，早期馬久羅市一些大型超市向蘿拉地區的農民批貨時，一包小白菜只給一美元至一點五美元，自從開辦農夫市集後，多了通路，也多了競爭，向農民批進的小白菜已漲到二點五美元，有時甚至高到三美元，既增加農民的收入，也讓他們更樂於農耕，絕對是好事一件。

特別前來購買蔬菜水果的顧客，來自四面八方，有如一個小型聯合國，有當地的馬紹爾人，也有美國人、日本人、台灣人、大陸人、斐濟人、菲律賓人及密克羅尼西亞人。

張朱揚透露，會說一口流利中文的日本駐馬紹爾群島大使，有時也會前來採買，畢竟這個島上很難得看到現採的新鮮蔬果。

室外籃球場蔬果交易熱絡，隔個矮牆的大馬路邊也是人聲鼎沸，有人拿著擴音器聲嘶力竭地大聲喊價，「她長得又美又漂亮，四個月的小女生，三十元，三十一元，三十二元，三十三元，三十三點五元，三十三點五元一次，三十三點五元兩次，三十三點五元三次，成交。」「這位先生，你買到是你福氣，她是你的了。」

技術團提供的小豬為馬紹爾提供穩定的食物來源，大受當地人歡迎，一下子就賣光光。

原來那裡正在拍賣仔豬，十隻由技術團提供的四個月小豬，一隻隻被拎出來拍賣，一樣沒兩下子就賣光光。

小仔豬到家中

張朱揚說，在大使館全力支持下，中華民國駐馬紹爾群島技術團近年來在當地全力推動「馬紹爾群島糧食安全計畫」，技術團繁殖的仔豬免費分送外島居民飼養，有時一整個豬舍的母豬太會生了，仔豬多到送不完，養到三、四個月大時，就載到農夫市集拍賣。

一般說來，四個月大的小豬價格大約在美金三十元到三十五元之間，小母豬可用來繁殖，拍賣價格比小公豬稍高一點。拍賣所得都會存入資源發展部的專戶裡面，用來購置小貨車，提供那些接受技術團輔導的農民使用，一步步協助他們獨立自主。

說到豬，張朱揚可得意了。在「馬紹爾群島糧食安全計畫」的積極推動下，需要協助的外島家庭可獲技術團免費分送一公一母兩隻仔豬。

這些外島居民只要把兩隻仔豬養大，交配繁殖，再生一大窩仔豬，如此一代傳一代，生生不息，「豬口」興旺，除可販賣增加收入，也有源源不絕的豬肉可吃，補充營養所需的優質動物性蛋白質。

這個計畫並非人人有獎，而是以外島的家庭為優先對象，並由當地市長親自篩選適合養殖的家庭。篩選標準有三，一是夫妻兩人以上組成的家庭，二是勤奮，三是有很高的養殖意願。

接下來，技術團會在每個參與計畫的外島遴選一位種子教師，教會他們基本的養殖技術及知識，再由他們去輔導島上獲贈一對仔豬的家庭。

那些日子以來，張朱揚常不定期到外島視察，順便教養殖戶如何蓋豬舍。他說，那些豬雖喜歡在野外趴趴走，但總要有個遮風避雨的地方，他們利用椰子樹這種每個外島都有的現成材料，樹幹當柱，樹葉為頂，三兩下就把一座簡易型豬舍蓋好，一舉解決住的問題。

張朱揚統計，二〇一五年技術團總共送給八個外島的一百一十二戶人家共三百四十隻仔豬，公母各半，存活率八六%，算是相當成功。讓他稍感可惜的是，少數仔豬在運送過程中不慎死掉，否則存活率會高達九成以上。

原來，他們犯了一個錯誤。為了怕仔豬在運送過程中餓肚子，啟運前還特別餵食飼料，結果上了小船後，這些仔豬一遇風浪受到驚嚇，在空間有限的小船上竄來竄去，有些體質較弱的一路吐到底，上岸前已奄奄一息，不久就死了。

還好，其餘撐過風浪的仔豬體質都還不錯，上岸後活力無限，在外島居民的悉心照護下，快樂成長。

用心呵護快樂豬

說是快樂，一點也不誇張。張朱揚形容，每戶人家獲贈一對仔豬後，都將牠們當成寶貝細心呵護，讓牠們成天在野外覓食，無拘無束，當然快樂得不得了。

有天中午，他還看到外島居民在水井旁邊耐心幫仔豬刷毛洗澡，一如呵護自己的孩子，不禁為自己一手接生的仔豬感到高興。

「牠們根本就是快樂豬！」二〇一六年十月上旬，雙和醫院院長李飛鵬和馬紹爾群島衛生部助理次長及馬久羅醫院院長等人搭船到埃內科（Eneko）島郊遊野餐，就在茂密的椰子樹、麵包樹及林投樹底下，看到兩隻一下子相互追逐、一下

技術團提供的小豬被當成寶貝細心呵護，是名副其實的「快樂豬」。

子用蹄子猛力挖土找食物吃的小豬，快樂到不行。

他當下直覺，那就是技術團贈送的一對仔豬。回到馬久羅，他拿當天拍的幾張照片給張朱揚確認，果然就是他們先前送出的小傢伙。

讓母豬爆發「生產力」

因為成效不錯，二〇一六年技術團擴大規模，除了外島，首都所在地馬久羅環礁的家庭也列為仔豬贈送對象，當年整個馬紹爾群島總計送出八百隻，二〇一七年增至一千隻，二〇一八年將再增加到一千兩百隻。

張朱揚透露，這個計畫分六年執行，二〇一五年至二〇二〇年他們會陸續送出六千隻仔豬。只要執行順利，在可見的未來，馬紹爾群島的豬肉將有可能自給自足，不見得需要再遠從美國進口，可省下不少錢。

為達成這個目標，技術團二〇一六年年初在團部新建一棟堪稱五星級的豬舍，挑高的屋頂，良好的採光，毫無阻攔的通風，再加上設計絕妙的糞水分離系統，無非提供種豬、母豬及仔豬最佳的居住環境。張朱揚始終相信，豬很聰明，且又

馬紹爾群島青少年習慣吃泡麵，不良的飲食習慣讓他們有嚴重的慢性病隱憂。

懂得感恩，你對牠好，牠就會給你滿滿的回報。

他舉例，一般而言母豬一胎可生八到十二隻，馬紹爾群島飼養條件較差，平均一胎只生五、六隻。有次，一頭母豬生了十二隻仔豬，馬紹爾籍約聘工人也不懂得變通，還是只餵食標準量的飼料，他發現後除了馬上補上一些飼料，還多加一杓魚骨料，為那頭母豬補補身子。

他解釋，生六隻仔豬的母豬吃的是標準量飼料，如果生十二隻仔豬的母豬也吃相同份量的飼料，營養絕對不夠，仔豬喝不到足夠奶水，當然長不好，有些甚至會早早夭折。

張朱揚至今仍清楚記得，加完飼料後，只見那頭母豬開心地咧嘴笑了，嘴角還不斷流出口水。過了幾個月，下一胎還是高標生了十二隻仔豬，讓他喜出望外。

「母豬每多生一隻仔豬，我的壓力就減輕一些，」張朱揚說，從二〇一六年至二〇一八年的三年間，送給外島居民的仔豬數量已經審定，他們能做的就是好好照顧好母豬，期待這些母豬能盡情爆發「生產力」，為台灣與馬紹爾群島的邦交出點力。

執行這個計畫以來，技術團曾遭遇種種困難，也碰過一些讓人哭笑不得的離譜事。技術團技師張惠群有次護送三十對公母各半的仔豬到某個外島，隔天再挨家挨戶去探視那些仔豬過得好不好，卻看到讓他哭笑不得的畫面。

按理說，每戶應分到一公一母兩隻仔豬，以便長大後可以交配繁殖，一代代繁衍下去。萬萬想不到的是，不知道哪個少了一根筋的工作人員卻全部來個「公公配」及「母母配」，也就是送給這戶人家的是兩隻公仔豬，送給另一戶人家卻又是兩隻母仔豬，看得他都傻眼了，「這怎麼繁殖呀?!」

另一次更離譜，他們把一群仔豬送到馬洛埃拉普環礁（Maloelap Atoll），後來發現工作人員把公的仔豬全都送到某個小島，另一半母仔豬則送到另一個小島，情節有如海外動物版牛郎織女的淒美哀怨。張惠群得知此事後忍不住大笑，不禁揶揄張朱揚，「專家，我看以後你非得訓練所有公仔豬學會游泳不可，否則無法完成交配繁殖的神聖使命。」

馬紹爾群島是除了幾個非洲落後貧窮國家之外，慢性病罹患率最高的國家之一，高血壓、糖尿病、腎臟病及心血管疾病等慢性病病患到處都是。臨床研究發現，高油、高糖、高鹽及高熱量的西式飲食是致病主因。

健康問題是馬紹爾幾個世代的痛，至今仍深深烙印在馬紹爾人身上。這段傷感過往，源自二次世界大戰後的冷戰時代，蘇聯崛起，積極和美國在全球爭霸，競相發展核武，一九四六年至一九五四年間，美國在比基尼環礁（Bikini Atoll）一帶，試爆原子彈及氫彈，後來證實核子輻射危害到比基尼環礁、朗格拉普環礁（Rongelap Atoll）等島嶼居民的健康，不得不將他們撤到其他島嶼。

飲食西化的歷史

這幾十年來，交織在馬紹爾群島和美國之間的愛恨情仇，幾乎全來自那些年核子試爆帶來的種種影響，比如當地居民在毫無防護的前提下，遭受核子輻射帶來的健康危害及軀體痛苦，以及從此無法繼續在故鄉生活而必須遷徙到其他島嶼，生計頓失所依，人際關係、文化風俗及生活習慣也都必須跟著改變的巨大衝擊。

美國為了彌補當年進行核子試爆所造成的傷害，開始援助馬紹爾群島，白米、麵粉、麵包、牛肉、豬肉、雞肉等西式食物也紛紛透過這個管道輸入，逐漸取代該國傳統飲食內容，除危及民眾健康，甚至還可能影響到國家的命運。

預約慢性病

走進總統府西側的ＫＫ超商，架上清一色陳列著奶油、餅乾、炸薯條、巧克力棒和洋芋片，冷凍櫃裡是一包包沙朗牛排、丁骨牛排、肋眼牛排、豬五花肉、豬里肌肉，以及剁成一塊塊的雞腿、雞胸、雞翅和雞屁股。

走到熟食區，則是一整櫃的甜甜圈，有巧克力、焦糖、奶油、花生、糖粉和蘋果等各種口味。結帳時，旁邊玻璃櫃裡剛炸出來的雞塊，散發出令人難以抗拒的香味，忍不住一時衝動的人，買個幾塊，往往就把高油、高鹽及高熱量一併吞下去，久而久之健康當然出問題。

「肥滋滋的雞屁股，抹上調味料，再用炭火烤過，那滋味凡人無法擋，」雙和醫院院長李飛鵬仔細觀察後不禁感慨，「等你把一個個烤過的雞屁股吞下肚，等於是預約了慢性病。」

前大使陳文儀認為，這不全然是馬紹爾人的錯，而是歷史的偶然所造成的必然，但已成為事實，難再更改。目前唯一能做的，就是提升該國的醫療及公共衛

雙和醫院李飛鵬院長（右）遠赴馬紹爾參觀張朱揚（中）帶領的技術團。

生水準，並想辦法改變已遭西化的飲食文化，重新找回千百年來的傳統飲食內涵。

這些年，美國及日本在醫療和公共衛生上都給予了很大的協助，台灣自一九九八年和馬紹爾群島建交後，也不落人後，二〇〇八年先由北醫體系的台北市立萬芳醫院負責支援馬紹爾群島醫療計畫，二〇一三年起再由同屬北醫體系的衛生福利部雙和醫院接手，透過臺灣衛生中心全力推動醫療援助及公衛計畫。

來自台灣的力量

雙和醫院的醫療援助分兩種，一是不定期派主題醫療團到當地服務，二是派專科醫師到馬久羅醫院進行為期一個月的駐診及手術，稱之為滾動式醫療。二〇一六年共派出骨科、泌尿科、一般外科、胸腔內科、心臟內科及麻醉科等六位專科醫師；換句話說，那一年裡，就有多達半年時間可在馬紹爾群島看到台灣醫師的身影。

在馬久羅市開超市的林俊榮曾有過被誤診的慘痛經驗，對當地醫療沒有多大信心，身體不適時，寧可大老遠回台灣就醫。如今，雙和醫院輪流派醫師到馬久羅醫院駐診，雖然一年還是有半數時間看不到台灣醫師，但已比以前好很多。

「從另一個角度看，現在一年裡有半年可得到台灣醫師的照顧，要感恩哪！」林俊榮心滿意足地說，「如果雙和醫院能多派些醫師來，那就再好不過了。」

他認為，就算來的醫師專長是和自己病痛不相關的科別，但台灣醫師訓練非常扎實，跨科看些小毛病沒多大問題。更何況，光看到台灣醫師坐在眼前，病就好了一大半。

這不是心理因素嗎？

「就算是心理因素，只要能減輕病痛，又有什麼關係！」林俊榮回答得理直氣壯。

雙和醫院這些年來的努力付出，除備受台商歡迎外，也獲得馬紹爾群島政府的高度肯定。馬國前總統羅亞克（Christopher Loeak）二〇一五年年底施政報告時強調，台灣的援助他們將永遠感念在心。事實證明，在太平洋六個邦交國中，馬紹爾群島是我國最堅強的友邦之一。

陳文儀始終認為，邦交是建立在雙方的互信基礎上，馬紹爾群島把我們當朋

馬紹爾群島蔬果栽種不易，技術團輔導農民種植蔬菜水果，除了自家食用，
還可以批發賣給超市，或拿到農夫市集銷售，增加收入。

友，我們也要以禮相待，不要因他們陸地少而視為小小島國，而應把他們當成很大的島嶼國度，畢竟馬紹爾群島的經濟海域廣達兩百一十三萬平方公里，絕對是很大很大的海洋國家。

更多挑戰在前方

從馬紹爾群島身上，我們還可以學習海洋保護的觀念。陳文儀觀察發現，千百年來，馬紹爾群島對海洋資源的保護可說不遺餘力，吃多少，捕多少，確保來自大海的資源可以源源不絕。光是這種尊重海洋的態度，就值得同樣是海洋國家的台灣省思及學習。

還有，馬紹爾群島居民習慣「慢活」，凡事先停一下、四周看一看的生活態度，對習慣快節奏的我們來說，也很有意思。

然而，橫在馬紹爾群島前面的挑戰還有很多很多，包括醫療和教育。舉例來說，馬紹爾群島十二歲以下的兒童人口，高達總人口的一半以上，顯示這是個很年輕的國家，有長遠的未來，人口紅利將為他們帶來很高的勞動力及國際競爭力，但如果沒有照顧好這些孩子的健康，也沒有提供適性適所的教育，這些遠景都將如海市蜃樓般，虛無飄渺。

另一個立即的危險，就是氣候變遷帶來的災難。

馬紹爾群島是少數低海拔國家之一，平均海拔高度不到兩公尺，曾有一次大漲潮，被馬久羅環礁圈在裡面的內海水位高漲，把不少海裡的珊瑚礁打上岸，也把漁船沖到後院，很多學校都淹水。退潮時，有些學校的房舍甚至被潮水沖到海裡去，瞬間消失得無影無蹤。

在氣候變遷中找希望

二〇一五年十二月在法國巴黎舉行的聯合國氣候變遷綱要公約第二十一次締約國大會（COP 21），四十四個島國組成的「島嶼國家聯盟」（Alliance of Small Island States, AOSIS）四處奔走發聲，呼籲各國重視氣候變遷對低海拔島嶼國家的毀滅性災難，並在「巴黎協定」（Paris Agreement）中把本世紀前將全球氣候上升控制在攝氏二度以內的條文，下修為攝氏一點五度以內，可見情況之緊迫與嚴竣。

當時的馬紹爾群島總統羅亞克在大會中說，「我們知道最糟的情況還沒到來，但對我們來說，這次的氣候變遷大會必須是個歷史的轉折點，必須是場給我們希望的大會。」

為了展現對抗氣候變遷的決心，他們舉辦過多場活動，比如絕食抗議、向聯合國發表沉痛的演說，甚至在水面下舉行內閣會議，無非就是要引起全球重視。

二〇一六年三月十八日，剛接任總統不久的希妲海妮（Hilda Heine）在馬紹爾群島國會批准「巴黎協定」，她語重心長地對外宣示，「藉由成為頭幾個批准巴黎協定的國家之一，我們展現出持續在前面帶頭對抗氣候變遷的決心。」

氣候變遷的另一個衝擊，就是降雨異常。二〇一五年十一月至二〇一六年五、六月間，浩瀚無垠的太平洋只下了極少量的雨水，這對沒有大山大河及大型水庫而只能仰賴雨水過活的馬紹爾群島來說，是極殘酷的挑戰。

首都所在地的馬久羅環礁資源較多，已是苦不堪言，另外二十四個有人居住的環礁沒有蓄水池，只能靠外地運補或簡易型海水淡化設備來應急，更是苦上加苦。但這些環礁散布的區域太廣了，用船運補用水的挑戰大，成本又高，海水淡化也需要設備及經費，在在讓馬國政府頭痛。

除了飲水，吃也是一大問題。沒有雨水，椰子、林投果、麵包果及芋頭等在地蔬果，不是枯萎掉落，就算長出來，也長不大，最後不得不仰賴外地運補食物來解決。

醫療是最大的支柱

「多吃青菜」，這話說得簡單，但對土地面積小，土壤長期遭到海水鹽化的馬紹爾群島來說，卻是不可承受之重。蔬果栽種不易，加上大部分人家裡沒有像樣的廚房，也沒有瓦斯和鍋子，多吃青菜可不是件簡單的事。如果家裡孩子又多，情況更糟。

陳文儀說，一家家境較差的孩子早餐沒得吃，中午在學校吃包泡麵或炸雞配白飯，晚餐則是回家後再說。長期下來，易有發育問題，甚至早早就埋下慢性病的因子。

美國的外來援助雖可短暫解決問題，卻也養成他們的依賴性，進而喪失傳統健康飲食文化。這些問題糾結在一起，中壯年人死得早也死得多，年輕孩子的生長發育又有問題，讓人不禁為這個國家的前景感到憂心。

身為最堅實的友邦，我們當然要幫馬紹爾群島找出問題點，並協助他們加以解決。面對如此艱鉅的使命，臺灣衛生中心及技術團就成為大使館的兩大支柱。

在大使館全力支持下，技術團種了十幾種蔬菜水果，並全力復育馬紹爾群島原生的蔬果品項，哪個環礁本來吃什麼，技術團就復育什麼，再輔導當地農民擴大種植面積，除了自家食用，還可以批發賣給超市，或拿到農夫市集銷售，增加收入。

把事情做好做大

走進技術團大門，映入眼簾的是棵超大的麵包樹，後面有座現代化養豬場，但這裡的豬並不是養肥後賣到市場，而是以母豬為主力，全力繁殖仔豬，當做種子部隊。二〇一五年至二〇二〇年的六年裡，技術團預計繁殖六千隻仔豬，再以一公一母的配對方式，分送給各個環礁的適合家戶。

這兩隻一公一母的仔豬送出後，陳文儀希望每戶人家都能養成大豬，再交配繁殖一代又一代的仔豬來，源源不絕提供優質的蛋白質。

臺灣衛生中心設在馬久羅醫院二樓，以防治糖尿病等慢性病為核心工作目標，全力和馬國政府、各級學校、非政府組織及教會團體緊密結合，一起在公衛場域奮鬥打拚。經專案專員徐韻婷近三年的努力扎根，目前已和美國健康中心、摩門教會及日本的ＪＩＣＡ合作得相當愉快，成果也慢慢展現出來。

這些作為，陳文儀堅持要建立在不干擾原有市場的基本原則上，比如說技術團輔導農夫種出來的蔬菜水果品質優異，可以賣到很好價格，但在每月兩次的農夫市集裡，售價卻和超市差不多。

他相信，在良性競爭下，超市的蔬果品質將逐漸提高，價格也會趨於合理，讓大多數人都受益。至於醫療服務也以從旁協助為主，不主動介入醫院原有的經營及決策模式。

「這要非常非常小心，」陳文儀衷心希望可以把所有力量都牽在一起，進而變成相互協助的好朋友，一起把事情做好做大。

全面打擊糖尿病

超過四分之一的糖尿病罹患率，並不能阻卻雙和醫院臺灣衛生中心，將馬紹爾帶回幾乎沒有糖尿病病人的過去。

馬紹爾的健康問題，可從全國肥胖比率高達七五%，以及糖尿病罹患率達二八%這兩個公衛指標清楚看出來。

雖然雙和醫院臺灣衛生中心已在當地經營三年多，略有所成，但曾擔任我國駐馬紹爾群島大使的外交部亞太司司長陳文儀認為，除了我國駐馬紹爾群島技術團全力配合外，也要和馬國政府、各級公私立學校、非政府組織及教會等多方力量緊緊結合，才有可能把當地的慢性病防治工作做得更好。

美國健康中心是美國非政府組織野鴨醫療團（Canvasback Missions）在馬紹爾群島的駐點機構，大部分經費來自馬國衛生部，專做糖尿病防治。

美國健康中心在馬久羅醫院有個專賣健康飲食的餐廳，從早上八點營業到下午五點，顧客可單點果汁，也可選吃到飽的自助餐，前者每杯兩元美金，後者則是每人五元，以當地生活水平來說並不便宜，但生意還不錯。

健康中心負責人史密斯（Tanner Smith）是個中等身材的壯碩男士，年近四十，但頭頂中央的毛髮已日漸稀疏，這並不減他樂觀開朗的個性，員工送來兩大箱一大早才從專屬菜園中採來的新鮮有機蔬果，他還頑皮地抱起一條半月形的長條南瓜，擺出帥帥的姿勢拍照。

和美國非政府組織合作

來馬紹爾近三年的臺灣衛生中心專案專員徐韻婷，具有專科護理師背景，和史密斯是很好的朋友，也是絕佳的工作夥伴。臺灣衛生中心和美國健康中心及其他非政府組織合作推廣糖尿病防治工作，雖才一年多，成效已慢慢出來。

美國健康中心和臺灣衛生中心走進社區，鼓勵民眾種植蔬菜，學會健康的烹調及飲食模式。（右圖為美國健康中心負責人史密斯）

這故事，可從三十多年前說起。一九八一、八二年間，美國人史彭斯夫婦（Jamie Spence and Jackue Spence）跟著一群耳鼻喉科、泌尿科及骨科等醫師組成的醫療團來到馬紹爾群島，看看有什麼可以幫上忙的。

當時，馬紹爾群島共和國第一任總統卡布瓦（Amata Kabua）剛從國外參加一場健康衛生政策國際研討會回來，很想在國內推動類似的健康衛生政策，並成立一個健康中心。躬逢其盛的史彭斯先生當下從美國派人到馬紹爾群島評估，發現當地糖尿病問題非常嚴重，於是擬了兩年計畫，派一些員工和廚師到這個環礁國家推動糖尿病防治工作。

兩年後，防治成績亮眼，馬紹爾群島衛生部希望他們能持續下去，經過詳細規畫，美國健康中心終於在馬久羅醫院右前方的低矮房子內設立，開始對外經營。負責人史密斯說，他們最重要的工作是教育民眾，告訴他們每個人都要為自己的健康負責，同時也讓他們知道什麼是糖尿病，以及防治方法。

在這個大原則下，美國健康中心和臺灣衛生中心、摩門教會及日本ＪＩＣＡ等非政府組織合作，主動走進社區，鼓勵民眾種植蔬菜，學會健康的烹調及飲食模式，同時也鼓勵他們養成每天運動的習慣，不讓糖尿病上身，或者控制已發病的糖尿病病情。

改變，從生活型態做起

「這是很難很難的事，」史密斯解釋，因為這涉及生活型態的改變，而這種生活型態又是由上幾個世代的祖先流傳下來的，要改變談何容易。

儘管難之又難，但他們決定做下去，最重要的動力來自於他們深信，一九五〇年代前後整個馬紹爾群島找不到幾個糖尿病病人，「既然以前曾經沒有過，當然可以想辦法回到過去。」

要怎麼回到過去？史密斯認為，首先應找回過去馬紹爾人的傳統飲食方式，當時島人只吃陸地上長的椰子、芋頭、林投果、麵包果和香蕉，以及從海裡捕的魚貝海鮮，比如鮪魚、旗魚和很多珊瑚礁魚類，低油、低脂、低熱量，要罹患糖尿病也難。

後來人口漸增，在地食物無法滿足實際需求，加上美國的援助又適時扮演關鍵角色，外來食物開始銷入，商人也趁機宣傳進口食物便宜又好吃，白米、麵粉、白麵包、甜甜圈、鬆餅、牛肉、豬肉及雞肉等高油、高脂、高熱量的進口食物逐漸攻占市場，進而取代傳統飲食文化，糖尿病病患也一個個冒出來，馬紹爾群島從很少看到糖尿病病患，一路躍升為全球糖尿病罹患率全球第七，最近幾年又飆升到全球第五，讓人看得憂心忡忡。

走進社區，找出病人

二〇一五年八月，馬紹爾群島衛生部結合臺灣衛生中心、美國健康中心、摩門教會及JICA等團體，推出「社區生活型態計畫」（Community Lifestyle Program, CLP），主動走進社區。每個社區每期安排四週的活動，通常都選在星期五的早上九點到中午十二點，先量身高和體重，算出身體質量指數（BMI），接下來量血壓、脈搏，以及抽血測血糖，建立基本的個人健康資料。

徐韻婷不諱言，這麼做是要主動發掘新的糖尿病病例，並將一些血糖控制不好卻未持續回診追蹤的老病患找出來。

她說，新病患通常對糖尿病根本沒有病識感，不把疾病當回事，不知道自己其實已罹患糖尿病多年了，直到被初步篩檢出來，才嚇得嘴巴張得大大的；老病患則乾脆躲在家裡，不願去面對事實，過一天算一天。

找出病人後，接下來的課程就是運動和烹飪教室。美國健康中心通常會由運動專員出來帶領大家運動，大都播放夏威夷曲風的音樂，社區的婆婆媽媽及大叔們就隨著輕快節奏，扭腰擺臀起來。徐韻婷說，馬紹爾人超愛跳舞，既可娛樂，也達到運動效果。

運動後的烹飪教室是婆婆媽媽們的最愛，美國健康中心負責準備在地食材，像是椰子、麵包果、林投果、高麗菜和咖啡，由健康中心的廚師示範教學。這些菜餚其實都是馬紹爾群島的傳統料理，吃起來健康又沒負擔，最適合糖尿病病患食用。

將病人帶回診間

從社區篩檢出來的人，不管是新病例或老病患，都一律轉診回馬久羅醫院非傳染病科的門診就醫，通常安排在隔週的星期四。前一天公衛護士就會主動打電

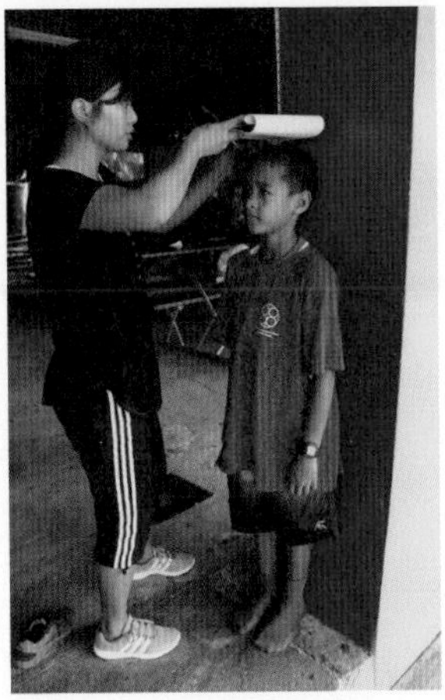
CLP團隊走入校園，扎根健康概念。

話提醒他們，隔天記得到醫院就診，免得這些病患有意無意地把這件事給忘了，一天拖過一天，血糖沒有獲得適當控制，病情持續惡化。

徐韻婷統計發現，剛開始她們沒主動打電話提醒，回診率低到一成左右。自從打了電話後，回診率已拉升到八成以上，成效非常好，可見多些關心，多一點點「雞婆」，還是很管用。

對糖尿病病患來說，要控制好血糖，除了按時服藥、正常飲食和規律生活之外，最好也養成每天運動的習慣。CLP團隊集合幾個社區的糖尿病病患，組成晨走俱樂部，每天早上至少走路三十分鐘，只要參加十次以上，就可獲得摩門教會贈送的球鞋，未滿十次的，也可以獲贈T恤，推出後獲得不錯的迴響。

要徹底改善馬紹爾群島的糖尿病問題，不能只關注病患的健康狀況，更要從還沒罹病的下一代著手。徐韻婷說，一旦被診斷罹患糖尿病，就算改變生活及飲食習慣，且按時服藥及規律運動，也只能把病情控制下來，不致繼續惡化，很難真正治癒。

相反的，如果把戰線往前拉到年輕一代，就可預防他們步上爸爸、媽媽、爺爺、奶奶等家族長輩的後塵，不受糖尿病威脅。

為下一代做準備

二〇一六年四月四日至三十日，CLP團隊選定一所小學進行先驅研究，每週兩次，每次半小時，透過遊戲教育他們健康飲食的觀念，同時也教他們種菜，最後再提供香蕉、橘子等水果當健康點心，告訴這群小孩子什麼才是有益身體健康的好食物。

這項先驅研究成果非常好，只待CLP團隊和馬紹爾群島教育部討論確認後，就推廣到馬久羅環礁的十四所學校，最後再擴大到全國各地。在那之前，她們早已先把老師找來上課，培訓為種子教師，為全面性糖尿病預防教育做好萬全準備。

提到衛教宣導，就不能不提以「I Heart Life」為主題的非傳染性疾病國際研討會（International Conference on Non-Communicable Diseases, ICD），這是臺灣衛生中心每年十月在馬紹爾群島首都馬久羅市國際會議中心舉行的活動，二〇一六年就選

透過遊戲方式，臺灣衛生中心從教育全面改善馬紹爾人民健康。

在台灣雙十國慶的隔天舉行，規模更勝往年，會場擠滿了人。

難得的是，馬紹爾群島總統希妲海妮還大駕蒞臨，全程參與開幕式。在這位相當親民的女總統帶領下，資源發展部部長、教育部部長、公共工程部部長及馬久羅市市長等政壇重量級人物全都出席，衛生部更是精銳盡出，部長到菲律賓參加世界衛生組織的全球衛生部部長會議，就由代理部長領軍，助理次長及馬久羅醫院院長都全程參與。

來自總統的感謝

希妲海妮總統上台致辭時，一再感謝台灣這些年來對馬紹爾群島的大力協助，幫該國防治糖尿病、高血壓、高血脂等非傳染性疾病，讓到任才一個多星期的我國駐馬紹爾群島大使唐殿文與有榮焉。希妲海妮總統非常憂心日益嚴重的糖尿病病患健康問題，再三希望雙和醫院設在馬久羅醫院的臺灣衛生中心繼續和馬國政府及其他非政府組織攜手合作，共同對付糖尿病。

她的這番話，對應工作人員穿著印上「Let's Beat Diabetes」（讓我們一起打

馬紹爾群島總統希妲海妮（左）參與ICD 衛教宣導，希望兩國繼續合作，共同對付糖尿病。

擊糖尿病）的T恤，相互呼應，點出這個環礁島嶼國家當前碰到的最大健康危機，而這也凸顯臺灣衛生中心的重要性。

唐殿文大使向希妲海妮總統保證，台灣將竭盡所能協助馬紹爾群島提升醫療及公共衛生水準，遠離糖尿病等非傳染性疾病的威脅。這場研討會討論出好的結論，若能協助解決馬紹爾群島的非傳染性疾病，台灣將義不容辭和馬國政府分享，一起解決問題。

雙和醫院院長李飛鵬也強調兩國醫療交流的重要性，雙和醫院推出的滾動醫療團已在馬國發揮效果，今後可望在兩國堅實的合作基礎下，擴大規模，服務更多病患。

一場國際健康盛會

既然是以糖尿病等非傳染性疾病為研討會的主要議題，當然離不開運動。開幕儀式結束前，司儀要所有人站起來，動動筋骨。話還沒說完，只見一群有胖有瘦、相當另類的舞者往舞台前衝過來，熱門音樂響起，大家跟著舞者扭腰擺臀大跳健康舞。

馬紹爾群島不愧是熱情洋溢的太平洋島嶼國度，就連阿嬤級的希妲海妮總統，也暫時忘了身上穿著合身的優雅白色套裝，腳上還蹬著三、四吋的高跟鞋，隨著舞者充滿韻律的舞步，大方跳了起來。

負責籌畫這場研討會的臺灣衛生中心專案專員徐韻婷比較後發現，固定在馬久羅市國際會議中心舉辦的非傳染性疾病國際研討會，愈辦愈有規模，參加人數增加不說，出席的馬國政府官員層級也年年拉高；更重要的是，馬國民眾已將之視為年度盛事之一，全都盛裝出席，和講者及醫師的互動頻繁且主動，甚至不吝於分享經驗。

烹調課帶動高潮

上午兩場專題演講後，美國健康中心主任史密斯要所有人圍成一個大圈圈，發給每個人一張印有各種食物的圖卡，包括：冰淇淋、炸雞、炸薯條、漢堡、甜甜圈等高糖、高油、高熱量且容易引發糖尿病的食物，以及蔬菜、堅果等升糖

學員熱情參與烹調課程，炒熱現場氣氛。

指數較低的食物，再透過遊戲說明糖尿病的致病機制，以及預防控制之道，非常有創意。

整場研討會的高潮，毫無疑問是中午的烹調課程，授課的雙和醫院營養師楊雅嵐把上課桌子兩張併成一大張，再把所有人分成四組，每組就用小黃瓜、南瓜、小白菜、茄子、洋蔥、小番茄及薑、蒜等全蔬菜食材，以簡易型小瓦斯爐煮一餐低油、低脂、高纖的營養餐。

蔬菜飲食的特性是纖維質含量高，不僅提供了飽足感，也有助於延緩血糖上升。養成充分攝取纖維質的飲食習慣，在改善肥胖進而緩解糖尿病的過程中，扮演相當重要的角色。

對參與這場研討會的婆婆媽媽們來說，標榜水煮的這餐難度不高，從切菜、下鍋、水煮到起鍋裝盤，駕輕就熟，完全沒有難度。

相較之下，由摩西先生掌廚的另一組就完全失控，大廚師出身的他根本不照劇本走，堅持要煮一鍋雜燴燜時蔬，讓大家吃得開心點。薑、蒜下鍋爆香後，加點醬油，再逐一加入茄子、南瓜、小黃瓜、黃椒、小番茄及西洋菜一起拌炒。

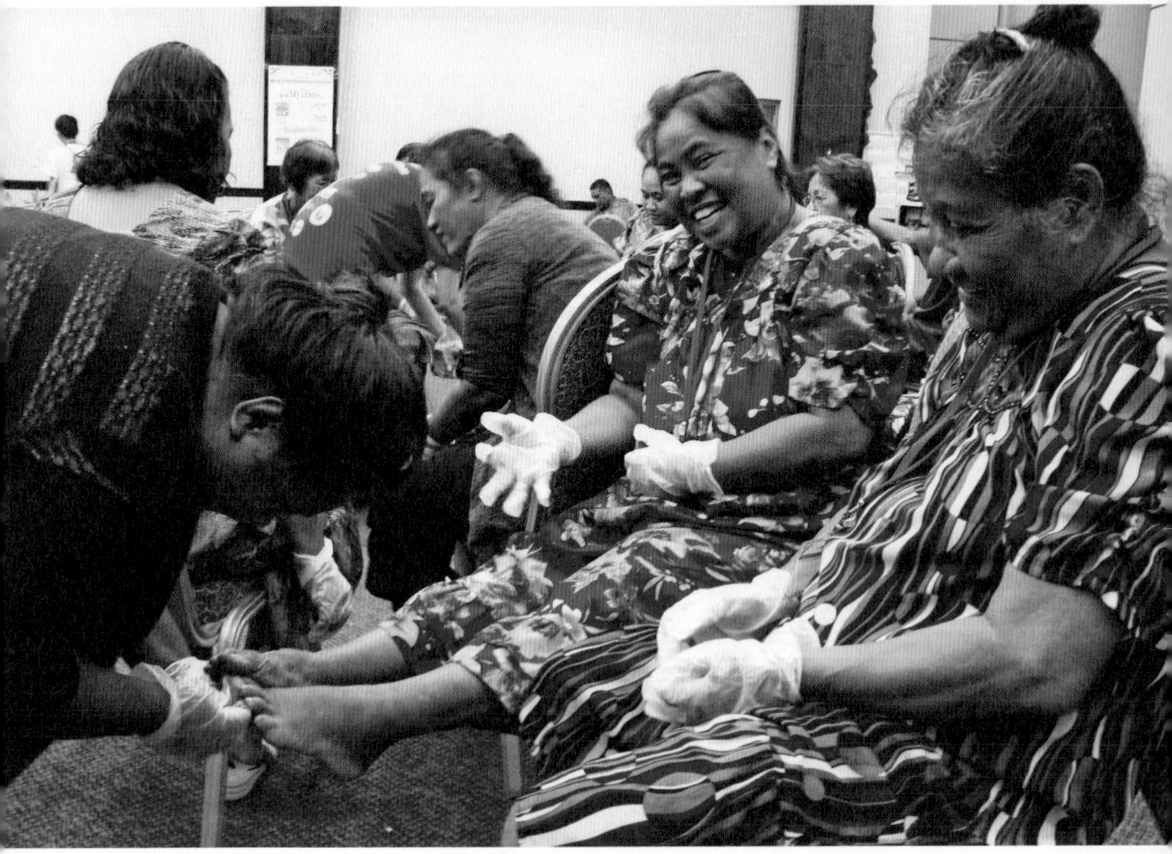

糖尿病病患最怕傷口感染，嚴重者可能得截肢，ICD 因此安排足部護理教學示範。

臨時找不到鍋蓋，他動了一下腦筋，把另一個平底鍋翻過來，權充鍋蓋，臨場反應快又充滿創意，獲得同組學員的如雷掌聲。他頗為得意地說，「如果再來點豬肉末和蠔油，那就太完美了。」看著摩西先生的隨興演出，楊雅嵐也只能搖頭苦笑，「好吧，反正整鍋都是蔬菜，It's OK!」

馬紹爾群島可耕作的土地就那麼丁點大，種植的蔬菜少之又少，進口蔬菜又比肉類貴，民眾逐漸養成吃肉不吃菜的飲食習慣，高血壓、高血脂及糖尿病罹患率逐年上揚，對健康造成威脅。

趁著舉辦研討會的難得機會，安排一場蔬食料理課程，她認為至少可讓婆婆媽媽學些蔬菜料理方法，有空就煮給家人吃，也許有機會改變這個國家每三至四人就有一人罹患糖尿病的命運。

非傳染性疾病國際研討會第一天下午的議程是分組討論，分成糖尿病簡介、糖尿病和肺結核的相關性、糖尿病的眼睛檢查、糖尿病飲食、糖尿病足部護理等五組，分別由上午的講者當組長，採組長不動組員動的模式，每十分鐘換組，五十分鐘下來，所有參加研討會的學員已對糖尿病有了初步了解。

負責糖尿病足部護理這組的雙和醫院整形外科暨燒燙傷傷口整合照護中心技

EAI
RFORMANC

術組組長黃晴雯認為，這種議程安排得非常好，早上各專家醫師先約略做個簡介，下午跑檯式的分組討論再深入探討圍繞著糖尿病的各式問題，參與的學員個個收穫滿滿，今後會更加重視糖尿病的預防與治療，不至於放任病情惡化。

足部護理現場實作

糖尿病病患最怕傷口感染，嚴重者可能得面臨截肢的悲慘命運。每組短短十分鐘裡，黃晴雯以三個C簡單講解足部護理的重要性，分別是Check、Clean及Cover。

Check（檢查），每天檢查足部有無紅腫長水泡、雞眼或厚繭。Clean（清潔），每天以溫水溫和地洗腳，洗完後再用布擦乾，尤其要把腳趾間的縫隙也完全擦乾，以免黴菌感染。Cover（保護），洗完腳且擦乾後，塗上一層薄薄的乳液，只要照護好皮膚表皮的健康，就可增加防禦力，減少傷口的發生率。

萬一出現傷口，要怎麼辦？

「其實很簡單，一點都不難，」黃晴雯耐心地告訴學員，「只要學會判斷紅、黃、黑三種傷口顏色所代表的意義就行了。」

紅色意味肉芽組織正在增生，傷口往好的方向發展，不用太擔心；黃色代表傷口出現感染，要小心處理；黑色則表示傷口組織已腐爛壞死，一定要立即就醫治療。一旦傷口呈現黃色或黑色，就要接受整形外科醫師的清創手術，同時合併抗生素治療。

為了加深印象，她還示範清潔足部的方法，現場準備一盆清水，再找學員當模特兒，溫和而輕柔地清洗足部，連腳趾縫也不放過，親自感受觸摸皮膚的那種感覺，同時檢查足部有無傷口，以及傷口的顏色。

也許是癢，也許是害羞，每個人脫下鞋子讓別人幫忙洗腳時，都忍不住「咯咯」地笑了起來。十分鐘的一堂課，就在嘻嘻哈哈的歡樂氣氛中，咻一下地過去了。

每個學員都是社區衛教種子

只要連續參加為期一天半研討會的民眾，臺灣衛生中心都會頒予一張結業證書，同時將他們納為種子教師優先人選，日後前進社區進行糖尿病衛教宣導時，他們將會是最得力的助手。

徐韻婷解釋，這些學員都來自社區，有些甚至是當地的意見領袖，和左鄰右舍都很熟，由他們帶路，或是在宣導活動中現身說法，可讓活動進行得更順暢，也更有說服力。

第二天研討會只有半天，早上九點開始各組的回示教前演練，結果還不到八點，就有幾個歐巴桑學員等著簽到進場，認真的態度令人激賞。

「這位媽媽，我們八點半才開始報到喔！」工作人員好心提醒，「妳要不要先去吃個早餐？或是到附近走一走？」「不用啦！我們在這裡等就好了。」

眼看她們如此努力上進，工作人員二話不說，攤開簽到簿，拿出筆開始簽到。經過清點，第二天的學員一個也沒少，還是熱烈參與討論，笑聲此起彼落，全然享受課程帶來的樂趣。

「這真是個生性樂觀的南島國家，每個人都那麼善良，都那麼熱情奔放。」負責教導糖尿病飲食的雙和醫院營養師楊雅嵐在遴選下階段上台示範的學員時，獲得熱烈迴響，一堆人搶著上台，迫不得已，她只好以投票解決，最後選出久塔（Jiuta）和希希莉亞（Cecilia）為那組的示範代表。

「我對久塔超有信心的，」楊雅嵐說，這個長得粗粗壯壯又黝黑的中年男子，超有表演欲，堅持一定要第一個上台、搶頭香。果不其然，才一上台高喊一句「IAKWE」（馬紹爾語，你好的意思），就獲得滿堂彩。

「雖然好吃，大家千萬、千萬不要再常吃冰淇淋這些垃圾食物了，否則糖尿病鐵定找上你。」「我們的海洋有那麼多魚，就多吃一點囉。」他的示範唱作俱佳，除了天分，更充滿喜感，台上台下笑成一團，為大家帶來一個充滿歡樂的早晨。

也許是天性，楊雅嵐認為台灣人保守而害羞，不喜歡在公開場合發言表達意見；反觀同樣是島國的馬紹爾群島，居民就活潑外放多了，反正明天的事明天再說，沒什麼大不了的，活在當下就毫無保留，盡情揮灑人生。

黃晴雯讚嘆，馬紹爾群島人真是無可救藥的樂觀者，也是天生的表演家，只要一拿到麥克風，就忘了時間，但歡樂也從此而來。

77

醫療服務不間斷

透過滾動醫療團與醫療資訊管理系統的整頓，
馬紹爾的醫療人力與資源終於重上軌道，
為長期且有品質的服務，奠定堅實基礎。

滾動醫療團一舉數贏

滾動醫療制度的駐診科別與天數都大大增加，讓馬紹爾群島醫療環境擁有更多資源，往脫胎換骨的目標前進。

馬紹爾群島首都馬久羅市位於馬久羅環礁的南側，人口三萬多人。馬久羅醫院是政府設置的公立醫院，就在總統府後面，一旁是國際會議中心，地理位置絕佳，有一百二十多張病床，二十餘名醫師。

這家島上唯一的國家級公立醫院，常駐醫師大都來自菲律賓、斐濟及密克羅尼西亞，其餘則是只短暫停留一、兩週的美國及日本籍醫師，醫療資源有限，有些科根本聘不到醫師，患者不是忍著病痛，一天拖過一天，就是被迫找其他科醫師看診，碰碰運氣，要不然就得向政府申請到夏威夷、關島或馬尼拉的大醫院就醫。就算申請過了，自己也要花一筆錢，不見得人人負擔得起。

這種情形到了二〇一三年開始有了改變。那年，臺北醫學大學經營的衛生福利部雙和醫院接受政府委託，在馬紹爾群島開辦臺灣衛生中心，就設在馬久羅醫院的二樓，除了常駐一位專科護理師協助該國推動非傳染性疾病防治計畫外，雙和醫院另推出別樹一幟的滾動醫療團，強化該院醫療實力。

推出滾動醫療團

雙和醫院副院長林家瑋解釋，一般醫療團都是派醫師常駐當地，雖可穩定提供該科的醫療服務，但當地民眾的就醫選擇性相對較低，反觀滾動醫療團則是每隔一段時間派不同科別的醫師前往當地，短則一個月，長則兩、三個月，近四年多來雙和醫院已派了二、三十位各科醫師到馬紹爾群島的馬久羅醫院，提供當地最迫切需要的醫療服務。

就拿二〇一六年來說，已有心臟內科、胸腔內科、骨科、泌尿科、一般外科及麻醉科等六個科別的醫師來到馬紹爾，每位醫師待一個月。一年下來，馬久羅醫院就有半年時間可看到雙和醫院醫師的身影，加上他們又接力提供多達六科的專業醫療服務，對這家馬紹爾群島規模最大但人力及醫療專科不足的醫院來說，幫助很大。

「這只是第一步，未來派遣醫師的頻率會加大，」雙和醫院院長李飛鵬充滿自信地說，台灣醫療水準很高，滾動醫療團可以適時照顧到馬紹爾群島民眾的健康需求，也讓他們親身體驗台灣優質的醫療品質，一旦他們罹患急重症而必須搭機出國就醫時，不見得非得到夏威夷、關島或馬尼拉，也可轉診到台灣進行醫療，打響台灣名號。

林家瑋補充指出，如果經費充裕，未來派到馬紹爾群島的滾動醫療團陣容會更堅強，由每年六科、六位醫師，增加到七科、七位醫師，八科、八位醫師，甚至十二科、十二位醫師的規模；換句話說，到時候一年到頭都可在馬久羅醫院看到雙和醫院醫師忙碌的身影，覆蓋率百分之百。

這個遠景，背後其實有段故事。二〇一三年前後，政府為提升友邦的醫療水準，在高雄市大樹區的義守大學設立醫學院學士後醫學系外國學生專班，招收各

雙和醫院醫師至馬久羅醫院駐診，架構出堅強、綿密的臨床教學團隊。

友邦的學生，施以四年的醫學專業訓練。照理說，這些學生完成學業與醫院實習，取得醫師執照後，即可返國從事醫療工作，守護自己國人的健康。

然而，台灣醫學教育採總額管制，每年只招收一千三百五十名醫學生，確保未來的就業市場不致於因醫師人力過剩而崩解。在這個大前提下，無法讓這群來自各個邦交國的醫學生留在台灣實習，以免他們參加國考取得醫師執照，進而留在台灣服務，既搶了國內醫師的飯碗，也失去培養他們回國服務祖國人民的初衷。

為國外醫學生尋求出路

既然不允許這群義守大學境外醫學生留在國內醫院實習，就必須為他們尋找出路，代為安排海外實習場所。只不過，這些學生大都來自人口不多的小國，比如帛琉、聖文森、布吉納法索及馬紹爾群島等，醫療資源普遍不足，就算有醫院，規模也不大，較難承擔訓練實習醫師的重責大任。

以二〇一七年夏天畢業的一位馬紹爾群島醫學生來說，外交部原打算委請同屬大洋洲的帛琉或斐濟等國代訓，但帛琉的醫療資源不夠豐富，臨床訓練能量不足，可行性不高；斐濟的醫療能量稍高，但光是訓練自己的年輕醫學生已很吃力，遑論為台灣代訓來自馬紹爾群島的這位醫學生，此一提議最後不了了之。

強化在地醫院的實力

為解決此一困境，外交部亞太司司長陳文儀當年還在馬紹爾群島當大使時，就向外交部提議可在馬久羅醫院訓練這些實習醫師，但前提是要先強化這家醫院的實力，成為馬國政府認可的教學醫院。在他不斷與外交部及馬國政府之間奔走協調下，此一提議終於露出一線曙光，而雙和醫院長期推動的滾動醫療團就扮演了關鍵角色。

林家瑋解釋，醫學系學生畢業後要到教學醫院實習一年，以馬久羅醫院現有的醫師人力及醫療專業能力，恐無法承擔此一重任。雙和醫院滾動醫療團的每位醫師都具有專科醫師資格，且都會在馬久羅醫院待一個月，如果能從六人六個月，一路增加到七人七個月、八人八個月，甚至是十二人十二個月，且這些醫師又涵蓋各個主要醫療專科，就可架構出一個堅強、綿密且不間斷的臨床教學團隊，提供更佳的臨床教學。

對於這個計畫，臺北醫學大學校長閻雲認為既有助於鞏固我國與馬紹爾群島的邦誼，也可協助馬國訓練屬於自己的醫師，照護國人健康，可說一舉數贏，北醫體系會全力配合。

自義守大學畢業的馬國醫學生回馬久羅醫院實習時，少不了內、外、婦、兒等四大科，再搭配其他醫療專科，完全符合美國醫學教育的標準。

不過，受限於滾動醫療團醫師人力可能仍有不足之處，無法完成住院的醫療訓練，閻雲強調至少可完成門診的醫療訓練，這些醫學生未來取得醫師執照後，還是可在門診看診，提供馬國民眾最需要的醫療服務。

補制度之不足

義守大學醫學院學士後醫學系外國學生專班招收的外籍學生，來自全球各地，有時也會碰到各種狀況。他舉來自史瓦濟蘭的學生為例，學成回國後，依規定一年內不能出國，加上該國規模最大的史京醫院又不願代訓，導致那些從義守大學

馬久羅醫院中病人的背影，反映馬紹爾人民醫療資源不足的困境與無奈。

畢業的學生無法實習並取得醫師執照，形成一道難解的課題。

此時，滾動醫療團或許是解套的選項之一。閻雲建議從義守大學畢業的史瓦濟蘭醫學生不妨先到馬紹爾群島的馬久羅醫院，接受滾動醫療團專科醫師的訓練，不致讓臨床訓練中斷。

臺北醫學大學管理發展中心主任吳麥斯補充指出，這些外籍醫學生可以比照畢業後一般醫學訓練計畫ＰＧＹ1、ＰＧＹ2的方式，先在馬紹爾群島接受一年的臨床訓練，若還有不足之處，也因已跨過必須離境一年的門檻，可依規定回台灣繼續接受第二年的訓練，完成後再回祖國服務即可。

二〇一七年夏天，第一個馬紹爾群島學生將從義守大學境外醫學專班畢業，二〇一八年、二〇一九年又有兩個及四個學生會陸續畢業，都可循此管道回馬久羅醫院實習。雙和醫院院長李飛鵬強調，如果有必要的話，為期一年的實習可再延長一年，務必把這些醫學生訓練好，這樣才能獨當一面，留在故鄉服務國人。

馬久羅醫院是馬紹爾群島規模最大、也是唯一的公立醫院，但就醫

台灣政府與民間合作，在馬紹爾發揮醫療力量。（由左至右分別為：雙和醫院副院長林家瑋、駐馬紹爾群島大使唐殿文、馬紹爾群島總統希妲海妮、雙和醫院院長李飛鵬。）

護人數、門急診量及開刀住院人數來說，恐怕還不及台灣到處都是的地區醫院。雙和醫院接受政府委託在馬紹爾群島設立的臺灣衛生中心，和馬久羅醫院合作幾年下來，發現這家醫院的問題還真不少。

「這是系統性問題。」雙和醫院副院長林家瑋負責督導臺灣衛生中心，走訪馬紹爾群島次數多到連他自己也數不清，只知道少說也一、二十次。

他認為，馬久羅醫院的問題在於沒有一套系統性的作業模式，缺乏完整性的病歷資料，不知道病人有多少，也不知道藥品及醫材的使用狀況，當然也不曉得收支狀況，反正錢用完了就伸手向政府要，久而久之，醫院營運管理就原地踏步，少有長進。

整頓醫院管理資訊

為了協助解決這個長年問題，雙和醫院幫他們建立一套醫療資訊管理系統（Hospital Information System, HIS），透過電腦化資訊管理，把所有醫療、用藥、檢查、門急診、開刀及住院等資料全都建檔，方便管理。雖然看似簡單，做起來卻是困難重重。

林家瑋舉例，馬紹爾群島戶政系統很亂，很多民眾沒有地址，且不見得每個人都有身分證，就醫時，光是填寫病歷資料就是件痛苦的事。為圖方便，甚至常常出現一本病歷多人共用，或是一人使用多本病歷的離譜情形，讓就醫紀錄形同虛設。

深入問題核心

ＨＩＳ系統的建置是件相當複雜的事，雙和醫院打算分三年進行，二〇一六年年底鳴槍起跑，二〇一七年先完成批價掛號系統電腦化，同時建立電子醫令系統，才知道藥品及衛材用在哪些病患身上，還剩多少庫存量；也才知道何時應進什麼藥品或衛材、進多少量。

二〇一八年導入門診急診病歷系統及醫令系統。二〇一九年再導入住院系統，ＨＩＳ系統建置作業至此才告一段落。

既然HIS系統攸關醫院發展，為什麼長久以來馬久羅醫院不當一回事？對此，林家瑋顯得低調而保留，不便評論馬國政府先前的醫療衛生政策，但自從雙和醫院接受衛生福利部委託，在馬紹爾群島設立臺灣衛生中心而必須和馬國衛生部等單位合作後，才有立場向馬國政府提議，一起把事情做好。

愈深入了解狀況，林家瑋頭愈痛。他感慨說，馬久羅醫院病歷系統相當紊亂，常見好幾個人共用一個病歷，或是一個人擁有多個病歷的離譜情形，醫師無從知道就診民眾過去的病史，也不曉得以前開過哪些藥，診斷及開藥必須重新來過，浪費醫療資源。

第一線醫師霧煞煞，後方的醫院管理階層更是搞不清楚狀況，沒有成本概念，不知道花了多少錢，也不曉得每年要編多少預算，打的是迷糊仗。

調整體質，脫胎換骨

大致摸清馬久羅醫院的狀況後，外交部亞太司司長陳文儀二〇一六年年初還在我國駐馬紹爾群島大使任內時，就曾委婉向馬國政府高層表達台灣願意協助改

善的意願，並獲得積極回應，願意從該國年度預算中撥出一筆錢，著手建置馬久羅醫院的HIS系統。

一旦HIS系統建置完成，等同於大腦及中樞神經系統全都就位，如臂使指，毫無阻礙。陳文儀相信，屆時馬久羅醫院將脫胎換骨，邁向全新境界。

屬於自己的下一步

據了解，馬紹爾群島每年花兩億美元在馬久羅醫院的日常營運，另花兩億美元把一些無法治療的重症患者送到國外就醫；每年光是用在馬久羅醫院的經費，就高達四億美元，超過台幣一百二十億元，對一個人口才七萬多人的國家來說，醫療成本高得驚人。

林家瑋形容，醫院經營和捷運經營一樣，以量取勝。只蓋一條捷運，運輸效益不大；兩、三條捷運，效益也還無法顯現出來；一旦捷運數量增加到五、六條以上，形成綿密的交通路網，運輸效益就會完全展現出來。

同樣的，醫院的科別不多，沒辦法好好把病人照顧好，必須把幾個基本的醫療專科建立起來，才能提供病人最適切的醫療服務。

然而，長期觀察下來，林家瑋發現馬久羅醫院不太知道這個醫院經營的基本原則，也不曉得該怎麼做。比如說，二〇一六年間想聘請一位放射線科醫師，開出年薪四萬美元的條件，卻怎麼也聘不到人。

四萬美元，不到一百三十萬台幣，月薪十萬出頭，只有台灣放射線科醫師薪水的三分之一左右，而馬紹爾群島的物價卻是台灣的一至兩倍，可想而知，這種薪資條件根本就聘不到醫師，而這也凸顯這個國家及這家醫院不清楚自己的經營成本，也不曉得有沒有錢或用多少錢去聘醫師，整個亂成一團。

雙和醫院協助建置的ＨＩＳ系統，就是要幫他們搞清楚自己的狀況，找到屬於自己的方向，不再毫無目標地瞎忙，才能蛻變為北太平洋醫療中心。

走向前線，主動防治

面對腸道寄生蟲感染與
結核病的威脅，
第一線醫師及時篩檢、治療，
才能早一步防衛馬紹爾人的健康。

前晚才下過陣雨的馬紹爾群島東側里塔（Rita）地區，朵朵白雲鑲在湛藍的天空裡，顯得格外清朗。

馬久羅浸信會基督學院（Majuro Baptist Christian Academy）是所小小的學校，水泥圍牆外就是太平洋，一顆顆小小的礁石及貝殼鋪滿了校園，走在上面沙沙作響，好一幅南國風情。

雖名為基督學院，這所私立學校的學生從幼稚園到高中，年齡層分布很廣，算是一所完全學校。二〇一六年九月六日，臺北醫學大學醫學系分子寄生蟲暨熱帶疾病學科主任范家堃教授帶領團隊進行腸道寄生蟲篩檢，小學一年級到六年級學童在級任老師帶領下，分批走進兼做禮堂的教堂，領取篩檢同意書、採取檢體流程表及檢體採集瓶，再由工作人員逐一說明採集方法。

「妳好臭喔！」一個小女生領完檢體採集瓶才走回位子上，三、四個同班同學刻意捏起鼻子，還用另隻手搧風，笑鬧成一團。老師急忙出聲示意，她們才乖乖回到坐位上，但才裝淑女一下下，又互相取笑起來。

建立寄生蟲資料庫

幾年前，范家堃已來過馬紹爾群島進行腸道寄生蟲調查，算是熟門熟路。二〇一五年他進一步選定六所公立學校的小學生為對象，採集糞便檢體。四百名完成採檢的學童中，九十一名被檢出腸道寄生蟲，感染率二二・八％。

檢出的腸道寄生蟲共十種，七種為致病性，三種則為非致病性，其中以原蟲感染率最高，達八〇・二％，其次為蠕蟲二〇・九％。整體分析看來，這個島國

馬紹爾的飲水設備簡陋，增加當地民眾感染腸道寄生蟲的風險。

的腸道寄生蟲感染率偏高，有必要積極防治。

為了建立更完整的篩檢資料庫，二〇一六年九月初，范家堃帶著臺北醫學大學醫技系畢業後，先後取得國防醫學院微生物及免疫學研究所、台大法醫學研究所雙碩士學位的助理江佳蓮，再度來到馬紹爾群島，在臺灣衛生中心專案專員徐韻婷聯繫協調下，選定包括馬久羅浸信會基督學院在內六所私立學校的小學一年級至六年級學童，為他們進行糞便檢體篩檢。

其他五所學校，分別是同樣位於里塔的里塔基督教小學（Rita Christian Elementary School），位於烏黎加（Uliga）的愛森普訊學校（Assumption School），位於德拉普（Delap）的馬久羅合作學校（Majuro Cooperative School）及第七日學院（Seventh-Day Academy），以及位於阿杰泰克（Ajeltake）的阿杰泰克基督教學院（Ajeltake Christian Academy）。

有了二〇一五年的經驗，二〇一六年的腸道寄生蟲篩檢以蠕蟲及原蟲為主要對象。蠕蟲又分線蟲、吸蟲及絛蟲三大類，原蟲則以腸道原蟲為主。

若再細分，線蟲有蛔蟲、鉤蟲、鞭蟲、糞小桿線蟲及菲律賓毛細線蟲；吸蟲有橫川氏吸蟲、異型吸蟲、布氏薑片蟲；條蟲有豬肉條蟲、牛肉條蟲、縮小包膜條蟲、短小包膜條蟲及犬複殖器條蟲；至於腸道原蟲則有痢疾阿米巴、大腸阿米巴、相異阿米巴、嗜碘性阿米巴、梨形鞭毛蟲、貝氏等胞子球蟲及隱胞子球蟲。

和原先預測的一樣，二〇一六年的篩檢結果和二〇一五年相去不遠，但范家堃仍決定持續做下去，一來建立更完整的腸道寄生蟲基線資料，二來也可進一步提供給馬紹爾群島政府參考，做為未來施政的依據。

「水」是感染源頭

經二〇一五年問卷調查及糞便篩檢統計分析，范家堃認為馬紹爾腸道寄生蟲感染率之所以會如此之高，一定和水源有高度相關性，也就是民生用水應已遭到嚴重汙染，才使得民眾暴露在腸道寄生蟲的感染風險中。

深究其因，不能不提馬紹爾群島的地理環境。在這個平均海拔不到兩公尺的島礁國家，沒有水庫，也沒有淨水廠，幾乎所有淡水都來自雨水，加上沒有衛生下水道，所有排泄物及汙水均未經消毒處理，就直接排到大海裡，在潮間帶戲水或捕拾貝類魚蝦的人，一不小心就可能經口感染腸道寄生蟲。

此外，馬紹爾群島沒有淡水資源，每次下雨時，民眾習慣將屋頂收集的雨水用管子儲存到大型塑膠桶中，經簡單過濾後，就拿來煮飯、做菜，甚至直接生飲，一旦這些雨水遭到汙染，腸道寄生蟲就會跑到體內而致病。

馬紹爾人始終相信，雨水是上天恩賜給他們的聖水，是天降甘霖，當然可以生飲，只是沒想到貓狗等動物可能爬上屋頂，並在上面尿尿或排便，那些人畜共通的腸道寄生蟲，就有可能被雨水沖進儲水的大型塑膠桶，喝進體內後，進而造成感染。

大腸阿米巴、短小阿米巴及梅氏唇形鞭毛蟲等非致病性腸道寄生蟲進入體內，還不致於危害健康，一旦痢疾阿米巴、梨形鞭毛蟲或隱胞子球蟲跑到腸道，就有可能引發猛爆性腹瀉，若未適時補充電解質，並施以支持性療法，致死率可高達二五～七五％，殺傷力驚人。

范家堃解釋，痢疾阿米巴除會引起大腸潰瘍，也會在腸道外轉移到其他器官，最常侵犯的是肝臟右葉，引起肝膿瘍，若不加以治療，致死率高達九五％以上，相當恐怖。

梨形鞭毛蟲的活動體會阻塞膽囊，導致膽汁無法進入十二指腸進行乳化反應，脂肪無法代謝掉，排出的是白色至淡黃色、且非常臭的糞便。若未積極治療，會引起持續性腹瀉，也有致死之虞。

利用分子生物檢測法PCR發現的隱孢子球蟲，和梨形鞭毛蟲堪稱難兄難弟，但破壞力更大，主要是它會在體內自體繁殖，大量胞子體在體內引起免疫反應，破壞腸道絨毛細胞，引發黏膜免疫反應，造成猛爆性腹瀉。

蟲卵藏在細節裡

遭隱胞子球蟲感染而發病，目前並無藥物可治療，唯有靠自體免疫力度過難關，范家堃就有慘痛經驗。

二〇一五年他到馬紹爾群島為小學生篩檢腸道寄生蟲，有天在外吃完飯後，腹痛如絞，他驚覺不對勁，懷疑是一鍋加了酸菜的魚湯並不新鮮，才導致食物中毒，立刻喝大量運動飲料補充電解質，但症狀不僅未見緩解，還併發嚴重腹瀉，讓他生不如死。

連續拉肚子七天後，范家堃才慢慢康復。經不斷反覆推敲，他認為自己應該不是食物中毒，隱胞子球蟲才是致病禍首。

這真是大水沖倒龍王廟。范家堃不解的是，他深知馬紹爾群島有很多腸道寄生蟲，也極盡小心防範之能事，只喝瓶裝水，不吃生菜沙拉，也不碰冰塊及未煮熟的食物，但還是「中鏢」了。

事後再三回想，他認為問題可能出在杯子上，因為餐廳的水杯是用一般水清洗的，一旦洗滌水帶有腸道寄生蟲或蟲卵，就會附著在杯子上，就算倒了乾淨的瓶裝水進去，還是可能慘遭感染。

採行新方法徹底檢測

為了洗刷這個恥辱，也為馬紹爾群島做一點事，范家堃可是卯起來做，把我國衛生福利部疾病管制署檢查外勞腸道寄生蟲的ＭＩＦ法帶到馬紹爾來，取代當地傳統採行的直接觀測法。

所謂的直接觀測法，就是把水加到糞便檢體裡面，攪一攪，再用肉眼直接觀察裡面有哪些腸道寄生蟲及其蟲卵，受限於經驗，效果當然不如預期理想。

前幾年，聖多美普林西比衛生部檢驗單位也是採行直接觀測法，只找出四種腸道寄生蟲，經他的團隊改用ＭＩＦ法檢測，結果多檢出另九種腸道寄生蟲，讓當地政府刮目相看，用藥及防治策略也隨之改變。

二〇一五年他在馬紹爾群島首度採用ＭＩＦ法時，總共檢出鉤蟲、鞭蟲、蟯蟲、人芽囊原蟲、痢疾阿米巴、梨形鞭毛蟲、隱胞子球蟲、大腸阿米巴、梅氏唇形鞭毛蟲及短小阿米巴等十種腸道寄生蟲，足足是馬紹爾衛生部檢驗單位用直接觀測法所檢出的兩倍半。

如果能從直接觀測法進化為ＭＩＦ法，就能建立屬於馬紹爾群島的腸道寄生蟲基線資料，馬國政府可據此加強水源處理，比如興建大型淨水廠，或是提醒民眾不要在人口稠密的海域游泳戲水，並在自家大型塑膠桶加裝足以去除隱胞子球蟲的過濾器。

范家堃表示，隱胞子球蟲的卵囊直徑才六微米，若可將這麼小的卵囊也過濾掉，其他腸道寄生蟲大概也過不去，飲水安全可望大大提升。

此外，馬紹爾政府也不妨教育民眾不要直接喝生水，只要是喝下肚的水，一定要煮沸過。

根據研究，感染腸道寄生蟲的兒童，發育會較遲緩，智力也比同齡孩子低，加上經常請假在家，學習成效不彰，長期下來將會影響國家競爭力。

和WHO合作

其實，美國早已看出腸道寄生蟲的危害，派遣研究團隊在馬紹爾群島人口次多的伊拜島（Ebeye）進行同樣的篩檢調查。

范家堃認為台灣和美國若能攜手合作，共同整理資料，應可解決困擾馬紹爾多年的腸道寄生蟲問題。

世界衛生組織（WHO）西太平洋地區負責北密克羅尼西亞公共衛生事務的韓籍醫療官員Dr.Eunyoung Ko，得知范家堃在馬紹爾群島做腸道寄生蟲調查研究後，主動和他接洽，同時請他提供二〇一五年至二〇一六年的研究資料，以放上WHO官網，甚至寫成官方報告，希望共同完成二〇三〇年前完全控制被世界所

從教育開始做起，臺灣衛生中心改善兒童感染腸道寄生蟲問題，進而提升學習成效與國家競爭力。

忽略熱帶疾病的歷史任務。

為自己把關

接近中午時分，馬久羅浸信會基督學院腸道寄生蟲篩檢作業告一段落，五年級的級任老師艾爾隆（Cecelia Arelong）小小聲地問江佳蓮，可不可以順便為她三歲大的兒子做篩檢。在得知那次篩檢對象僅限於小學一年級至六年級學童時，她難掩失望之情。

「那我可以受檢嗎？」艾爾隆當下改變主意，轉而為自己的健康把關。見她態度如此正向且積極，范家堃不忍再讓她失望，破例收案，把她附加在五年級的學童名單上。

范家堃不禁讚嘆，艾爾隆很有健康概念，知道利用那次難得的機會做健康檢查，根本就是「巷仔內的」。

那次篩檢，全部不具名，而以檢體號碼代之，而篩檢報告也直接寄給馬久羅浸信會基督學院的校長，再由他轉知各班級任老師，班上有哪些學童感染了腸道寄生蟲，確保個人隱私。

「你們確保學童隱私不會暴露嗎？」「當然！」獲得范家堃拍胸脯再三保證後，校長笑得燦爛，一如灑滿太平洋的陽光。

高結核病負擔國家

世界衛生組織於二〇一五年里約會議中決議，希望全球在二十年後，也就是二〇三五年，能夠「終止結核病」（End TB Strategy）。

根據世界衛生組織的定義，肺結核發生率是指每十萬人口每年新增個案人數，大於一百的國家，就是高負擔國家（High Burden Country），介於十和一百之間為中負擔國家，小於十則為低負擔國家。

根據衛生福利部疾病管制署二〇一四年四月出版的台灣結核病二〇一三年防治年報，台灣二〇一二年的結核病新案數為一萬兩千三百三十八人，等於每十萬人口每年新增五十三人，屬中負擔國家。

馬紹爾群島沒有完整的統計資料，無法得知結核病盛行率，但根據美國疾病管制局（CDC）蒐集到的資料顯示，馬紹爾群島二〇一五年的結核病發生率約每十萬人口每年新增四百至五百個個案，明顯落在高負擔國家之列，而這也正是雙和醫院調派胸腔內科前後任主任李俊年、李岡遠及主治醫師陳冠元前往這個島國駐診的最大原因，每次停留一個月，助他們一臂之力。

簡陋的診斷與治療過程

二〇一六年九月初首度踏上馬紹爾群島時，陳冠元赫然發現這個由多個環礁組成的國家有公共系統性的問題，政府沒有類似美國和台灣疾病管制署的機構，無從進行結核病公共衛生及流行病學調查，難以落實結核病防治工作，加上糖尿病盛行，導致結核病發生率也跟著居高不下，形成另一個公共衛生及醫療問題。

陳冠元解釋，全球統計約有三分之一人口曾遭到結核菌感染，但大多數並未發病，而是轉為潛伏結核，其中只有五～一〇％在一生中會發病。糖尿病病患的免疫系統較差，抗結核力不足，只要被結核菌感染，每年就有一〇％會發病，至於終其一生發病的機率更高達九成。馬紹爾群島糖尿病盛行率高，結核病發生

率高是很自然的事。

身為胸腔內科醫師，陳冠元懷著滿腔熱血走進位於馬紹爾群島首都的馬久羅醫院，發現診斷及治療和台灣的落差竟如此之大時，當下整個傻眼。必須結合人力、物力的結核病防治就不用說了，就連相當常見的慢性阻塞性肺病（Chronic Obstructive Pulmonary Disease, COPD），從診斷到治療，都沒有完整的配套，他也只能因陋就簡地看診。

台灣醫療院所都以肺容量計量器來做肺功能檢查，肺容量計量器只是一般的醫療檢驗儀器，完全稱不上昂貴，馬久羅醫院卻沒有購置，他只好退而求其次憑經驗進行臨床診斷，先透過X光影像來看肺部有無異樣，接下來問病患有無長期吸菸病史，有無慢性咳嗽或慢性呼吸喘，以及是否長期有痰等情形，最後再綜合判斷是否罹患了慢性阻塞性肺病。

這種臨床診斷方式，並無專一性，完全憑醫師的個人經驗，若經驗不足或一時疏忽，就容易將慢性阻塞性肺病診斷為氣喘。

問題是，慢性阻塞性肺病和氣喘的治療方式差很大，一旦誤診，就算用藥也不見效，除會影響病人健康外，也浪費醫療資源。

陳冠元說，慢性阻塞性肺病其實也沒有特效藥可治，通常只用長效型支氣管擴張劑來控制病情，減緩繼續惡化的速度。

即便如此，醫師還是可以為病患做長期維持性治療，或建議這些病患透過戒菸、運動及肺部運動等方式來改善症狀。不過，如果不能及早診斷出來，這些努力都無濟於事。

糖尿病防治是關鍵

降低慢性阻塞性肺病盛行率的方法不少，最簡易可行的是從減少吸菸人口著手，菸害防治成效愈好，飽受慢性阻塞性肺病折磨的病人就愈少，道理雖簡單，卻不易做到。

結核病也是一樣，就馬紹爾群島來說，只要把糖尿病盛行率降下來，結核病患就會跟著減少，但這又何嘗是件容易的事。

結核病是經空氣傳染的疾病，從肺部症狀看來，患者通常會出現發燒、食慾變差及體重減輕等一般性感染症狀，以及兩週以上的慢性咳嗽、呼吸喘等呼吸系

馬紹爾的孩童對於雙和醫院提供的檢測服務，躍躍欲試。

統性症狀，少數患者會咳到出血。

當結核菌透過血液或組織液從肺部擴散到其他器官，就出現肺外結核，跑到肚子會引發腹痛，跑到泌尿道會導致頻尿或尿意困難，若跑到關節部位，則會出現關節痛或行動困難等症狀。

來到馬紹爾群島，雖然結核病盛行率很高，陳冠元認為治療策略和台灣或全球其他國家沒什麼不同，不外乎從預防、診斷、治療及照顧追蹤等四大主軸著手，但這個島國糖尿病盛行率太高了，若能從控制血糖等糖尿病預防模式切入，結核病防治才有可能成功。

有溫度的醫病關係

在馬久羅醫院看診一個月，陳冠元深深感受到這個島國人民的熱情與善良，每個就診民眾都把他當朋友，一進診間就熱情打招呼。

剛坐下來，他都還沒問診，對方就迫不及待地把所有不適及症狀全講出來，有時怕他聽不仔細，還把症狀形容得非常生活化。「陳醫師，平常我還ＯＫ，但每次搬輪胎時就特別喘。」「我只要稍微走快一點，就喘個不停，好像要斷氣似的，這是為什麼？」

陳冠元感慨地說，以前台灣老人家就診時也常有這種情形，但隨著時代進步，大家的步調變快了，人與人之間的互動也少了，少了有溫度的醫病關係，看病就只是看病，如此而已。

結核病的溫床

結核病盛行率是評斷一個國家醫療衛生程度的重要指標之一，在多個太平洋盆地島國中，馬紹爾群島的結核病盛行率相當高，僅次於巴布亞紐幾內亞，高居第二位，不難想見其嚴重度。

李俊年曾是雙和醫院胸腔內科主任，二〇一四年及二〇一五年兩度前往馬紹爾群島醫療服務。每次才下飛機，他就不禁思考一個問題，馬紹爾群島每個環礁的小島面積都不大，總人口也不過才七萬多人，結核病防治不是件很難的事，照理講不應該有那麼高的盛行率。

他想了又想，最後得出幾個可能的原因。首先是馬紹爾群島人很重視家庭生活，幾代同堂的大家庭比比皆是，全家人同住一個屋簷下，而且又擠在一個大通鋪睡覺，如果有人是開放性肺結核病患，其他家人就可能遭到感染。

一般人感染結核菌，大都不會發病，只有少數人會出現症狀；反觀糖尿病病患等免疫力低下的族群，一旦遭到結核菌感染，發病的機率就高出許多。馬紹爾群島居民的糖尿病盛行率高達二八%，感染結核菌而罹患結核病的人數當然居高不下。

如果民眾的健康意識夠，政府機構又積極投入防治工作，還是可以把結核病控制下來。馬紹爾群島這兩股力道都不足，還好抗結核藥物充足，防治人員訓練扎實，加上「送藥到手，服藥到口，吃完再走」的「都治計畫」（Directly Observed Treatment Short-Course, DOTS）也執行得有板有眼，情況尚未失控。

但就整體而言，李俊年認為，馬紹爾群島目前結核病防治工作還有很大的改善空間。究其原因，該國民眾對健康的意識不夠是其一，醫療人員及懂公共衛生疾病防治人員明顯不足則為其二。

李俊年觀察發現，馬久羅醫院的醫師大都來自其他國家，且多把馬紹爾群島當做前往美國的跳板，很少人願意長期留下來為這個島國打拚。

就因為有能力的醫師紛紛跑到美國或夏威夷賺大錢，馬紹爾群島留不住優質醫師，甚至還出現全國找不到胸腔科專科醫師及放射線科專科醫師的窘境，胸部X光檢查過後，沒有人可做專業且有效的判定，當然大大影響結核病防治成效。

及早治療，長期追蹤

此外，馬紹爾群島沒有主動發現結核病人的公共衛生政策（Active Case Finding），只有在民眾因身體不舒服而到馬久羅醫院求診，且被安排做胸部X光檢查時，才有可能被檢出罹患肺結核。但這些患者被確診時，病情往往已相當嚴重，長期和他近距離接觸的親朋好友恐怕早已遭到感染，從此形成惡性循環。

如何走出這個惡性循環？又如何才能把馬紹爾群島居高不下的結核病盛行率壓下來？李俊年認為，最重要的還是盡早把散布在社區各角落的帶菌者找出來，施以半年至九個月的藥物治療，接下來再長期追蹤觀察。他相信，馬紹爾群島面積不大，總人口也才七萬多人，只要確實做好防治工作，沒理由不成功。

跨越太平洋的後盾

隔著太平洋的台灣雙和醫院與
馬紹爾臺灣衛生中心相互合作，
前者是後送醫院；後者在馬紹爾前線及時執行醫療任務，
成為最佳的守護拍檔。

有你們真好！

在馬紹爾的醫療現場服務，往往要發揮臨機應變的能力，以提供讓病人信賴的診療。

「妳是學生？還是泌尿科醫師？」

二〇一六年六月初，雙和醫院泌尿科主治醫師胡書維被派到馬久羅醫院駐診一個月，很多病患一進診間都瞪大眼睛，不敢相信眼前這位年輕貌美的標緻女子會是泌尿科醫師。

這也難怪，自從菲律賓及澳洲籍醫師相繼離開後，最近四、五年來，馬紹爾群島有人居住的環礁已找不到任何一位泌尿科醫師，突然間來了一位如此年輕美麗的女醫師，當然引起騷動。

那些年，民眾若有泌尿道疾病，嚴重一點的，可申請轉診到美國、夏威夷或菲律賓治療，但要申請核可才能成行，至於病情沒那麼嚴重或不符出國就醫資格的，就只能找其他科醫師看診，要不然就只能忍著，眼看著病情一天天惡化下去。也因此，當胡書維現身馬久羅醫院時，難免引起騷動，有人甚至把她當成還在見習的醫學生。

適應資源不足的環境

剛到馬久羅醫院，胡書維簡單盤點院內的泌尿科醫療器械，發現大多數器械都是幾年前留下來的，有些甚至再也沒用過，也沒人知道堪不堪用。人命關天，她也不敢貿然使用這些器械，只好繼續擺著，改用膀胱鏡、內視鏡、X光等少數還能使用的儀器，再加上自己的臨床診斷經驗，勉強看診。

她不禁感慨，在台灣什麼都有，醫師想的，都是如何用最適當的醫療儀器為病患做最佳處置，這個儀器不合用，就換另一個儀器；在馬紹爾群島則完全不同，醫師要有獨特的思維模式，沒有合適的器械，只能當機立斷就地取材，想辦法解決問題。

初次踏上馬紹爾群島這個醫療資源相對不足的地方，胡書維沒時間想東想西，只能強逼自己快快適應環境，一個月下來，除了定期看診外，還開了五檯刀。

面對醫療器械不足的殘酷現實，她常反射性地問自己，「這樣做好嗎？」「我可以做這個處置嗎？」但隨即想想，如果她不立即動刀，有些患者很難等到下一次開刀的機會，甚至活不了幾天，當下決定動手開刀。

「在這種地方，有時真會激發人的潛能，」胡書維如是說。

轉個彎解決問題

長達四、五年沒有任何一位泌尿科醫師駐診，不難想像等著看病的患者有多少。胡書維約略統計，攝護腺肥大而就診的男性患者最多，其次是糖尿病引發的神經性膀胱，至於泌尿道結石、尿失禁及泌尿道感染等患者也不在少數。

和台灣不同的是，馬紹爾群島居民的平均壽命較短，大約五十幾歲，大多數男性患者的攝護腺還沒肥大到尿不出來的地步，頂多影響排尿功能而已。至於尿失禁則以女性患者居多，主要因為當地婦女孩子生得多，加上大多數人體型又胖，所以年紀輕輕就飽受漏尿、滴尿之苦。

馬紹爾群島就在赤道不遠處，一年到頭幾乎天天是夏天，泌尿道結石患者不少，常要跑醫院檢查及治療。胡書維駐診的那個月裡，全院唯一的電腦斷層掃描儀故障，輸尿管鏡也因進水而無法使用，逼得她只好改採泌尿道攝影檢查，但效果不是很好，不易準確判讀。

有道是「窮則變，變則通」，碰到這種情形，她乾脆轉個彎，透過超音波、X光、臨床診斷甚至觀察小便顏色來確診，彷彿回到二、三十年前的年代。

就算好不容易確診是泌尿道結石，也不要高興得太早。胡書維說，馬久羅醫院沒有震波碎石機，無法體外震波碎石，也沒辦法動大手術剖開輸尿管或腎臟把結石取出，病情嚴重的病人只能轉到國外就醫，其他的就施以症狀治療，開藥讓他們帶回家服用，再叮嚀平常多喝水，別讓病情惡化。

她在當地碰到一位六十幾歲的男性患者，攝護腺肥大導致排尿不順，下腹部常覺得脹痛不舒服，檢查確定膀胱裡有顆直徑三、四公分的結石。膀胱結石的治療並不難，就是將膀胱鏡伸到膀胱裡面，接著就像打電動玩具一樣，把結石擊碎、取出。

打結石的氣動式彈道以空氣為介質，空氣經擠壓後產生高壓，再瞬間噴出將堅硬的結石擊碎。馬久羅醫院開刀房有一台相當老舊的機型，但開刀房只有氧氣系統，無法接上一般的空氣，胡書維擔心擠壓後的氧氣會突然爆炸，引發難以收拾的災難，在安全考量下，只好取消原已排定的手術，把那名病患轉介到夏威夷治療。

另一名三十幾歲的子宮頸癌末期病患，媽媽是馬久羅醫院護理師，以前曾到夏威夷治療，醫師在她出現水腫的兩側腎臟置放引流管，也在左右兩條輸尿管擺置雙Ｊ管，暫時解決問題。

兩年後，她的病情持續惡化，卻沒錢再去夏威夷就醫，引流管及雙Ｊ管都沒取出，還繼續擺在體內，完全阻塞而導致感染，皮膚表面的傷口化膿。媽媽陪她就醫時，才走進診間，胡書維就聞到陣陣惡臭味。

胡書維檢查發現，這位年輕患者兩側引流管完全塞住，導致急性腎衰竭，雙

J管也因置放時間過久而阻塞，甚至和輸尿管沾黏在一起，很難移除。

馬久羅醫院婦產科醫師打算幫她申請到夏威夷治療，卻因她體內的癌細胞已遠處轉移而被診斷為末期癌患，不符申請條件，胡書維只好把她推進手術房，再透過內視鏡小心翼翼地把兩條雙J管自輸尿管中移除，同時取出腎臟裡的另兩條老舊引流管，重新置入新的引流管，暫時解決問題。

再辛苦也值得

回想那段往事，胡書維仍心有餘悸。剛開始，她擔心移除雙J管時會傷到緊緊黏著的輸尿管，進而造成更大危險，猶豫再三，但最後還是決定放手一搏。「她那麼可憐，不拔掉已嚴重阻塞及感染的雙J管，恐怕活不了幾天，」胡書維說得堅決，「你忍心眼睜睜看著她死嗎？」

那名癌患幾天後回診，氣色好多了，尿液也變得清澈，滿心喜悅地說了一句「Feel much better（我感覺好多了）」，聽得胡書維也不禁紅了眼眶，就算再多的辛苦也值得。

一個月的海外醫療支援任務轉眼即將結束，為了不讓憾事一再重演，胡書維把馬久羅醫院兩位婦產科女醫師找來，教會她們膀胱鏡的操作技巧，日後若有類似個案，她們就可獨當一面，給予最及時而適切的治療。

在台灣，就醫是件容易的事，在馬紹爾群島卻完全不同。或許是醫療資源不足，馬久羅醫院的外科醫師得處理任何狀況，從疝氣、割包皮、陰囊膿瘍清創到糖尿病足截肢手術，無一不做，足可用包山包海形容。光就這點，胡書維認為那些外科醫師還滿厲害的。

為五歲女孩治療畸胎瘤

儘管如此，當有親人必須要進開刀房動手術時，有些人還是會猶豫再三，在馬紹爾群島渡假休閒飯店當前檯經理的金本先生（William Keimban）就有很深的感觸。

不到四十歲，年紀輕輕的金本卻已經是五個孩子的爸爸，兩男三女，五歲的賈斯莉娜（Justlina）剛好排在中間，笑起來有兩個淺淺酒窩，很討人喜歡。

五歲的賈斯莉娜切除畸胎瘤的診療過程，考驗著雙和醫院醫師的決策力，讓她重獲新生。

二〇一六年五月中旬的某天早上，賈斯莉娜上學途中，肚子突然間痛了起來，哭得死去活來，看得金本和老婆好捨不得，趕緊就近帶她到一家診所就醫。進了診間，菲律賓籍醫師摸摸她的肚子，皺了皺眉頭，建議馬上轉到馬久羅醫院掛急診。

一進急診室，值班的菲律賓籍婦產科女醫師隨即安排她做腹部超音波檢查，發現賈斯莉娜右腹部有個腫瘤，於是請雙和醫院派在該院支援的一般外科醫師高俊玉協助會診，確定右側卵巢上面長了顆圓圓的腫瘤，初步判斷是畸胎瘤，可能是良性，也可能是惡性。

根據臨床統計，任何年紀的女性都有可能罹患畸胎瘤，初期往往沒有明顯症狀而常被忽略，直到二、三十歲才被診斷出來。這些患者通常會從急診室就醫，醫師則會透過X光、超音波或電腦斷層掃描等影像學檢查來確診。

好巧不巧，馬久羅醫院急診室的電腦斷層掃描那天剛好故障待修，無法進一步確認那顆畸胎瘤是良性還是惡性。

該怎麼辦？眼看著賈斯莉娜從一進急診就痛得嚎啕大哭，兩位女醫師沒時間猶豫，必須立即做決定。

為免夜長夢多，那位菲律賓籍婦產科女醫師認為除了要動手術去除畸胎瘤外，長了腫瘤的右側卵巢也應一併切除；高俊玉則建議只要把不正常的腫瘤組織拿掉即可，右側卵巢不妨暫時保留下來，等切片檢查出來後，再決定接下來該怎麼做。

兩位醫師看法不同，金本先生和他太太一時之間也不知如何是好，只好辦好手續，先讓寶貝女兒住院再說。

陪病人做選擇

過了兩天，賈斯莉娜的情況還是沒有改善，另一位密克羅尼西亞籍一般外科醫師強烈建議一定要盡快動刀，否則情況將會變得更糟，院方隨即拿出手術同意書要金本夫婦簽名。

一聽之下，這對年輕夫婦也嚇壞了。「身為父母，小女兒得了這種病，我們也萬般不捨啊！」但到底要選擇哪種手術，卻讓他們舉棋不定。

「賈斯莉娜還這麼小，如果把一側卵巢和腫瘤一併切除，會不會影響她日後懷孕生育的能力？」金本先生才說完，陪在一旁的老婆已紅了眼眶。

「光是為了這件事，她已不曉得哭了多少回，」金本先生摟了摟老婆的肩膀，「還好，我們撐過來了。」

反覆思考後，最後他們還是簽下手術同意書，因為醫師同意只切除畸胎瘤，先不動右側卵巢。在高俊玉醫師動刀下，手術順利完成，切片檢查也證實那顆長在卵巢上的畸胎瘤是良性組織，術後只需持續追蹤即可。

在馬紹爾群島渡假休閒飯店二樓大廳，金本先生把寶貝女兒賈斯莉娜緊緊摟在懷裡，親了又親。「要不是高醫師堅持已見，醫術又高超，」滿臉笑容的他說，「今天我們不可能帶著女兒快樂受訪。」

對於這些來自他鄉異國的讚美，高俊玉只淡淡地笑了笑說，那是她該做的事，其實也沒什麼。

但回想起那段往事，至今她還是有點忐忑。

她解釋，當時少了電腦斷層掃描的影像學檢查，術前無法進一步確認那顆長在賈斯莉娜右側卵巢上的畸胎瘤到底是良性還是惡性，她和那位菲律賓籍女婦產科醫師也只能先開了再說。

要切除，還是留下？

她記得開刀開到一半時，她們有兩個選擇，一是只切除腫瘤，另一個則是腫瘤和右側卵巢一併拿掉。後來她們決定採行第一個選擇，只切除腫瘤，保留了卵巢。

「這不是件容易的事，」高俊玉解釋，她是遠從台灣前來支援的醫師，一個月的滾動醫療服務結束後，就離開馬紹爾群島，反觀那些在馬久羅醫院工作的醫護人員，卻得負起後續追蹤及照護的責任。

她說，當地醫療資源不足，萬一切片檢查確認那顆畸胎瘤是惡性的，就必須再動一次刀，進一步將右側卵巢切除，既增加醫療成本，也多了風險。

既然如此，當地醫師當然會堅持應將腫瘤及卵巢一併切除，以求一勞永逸。這種思維，高俊玉完全理解，事後她甚至常常反思，若時光能倒轉，說不定她當下會改變想法，轉而支持那些馬久羅醫院醫師的觀點，採取比較保險的手術策略。

只不過，往事已矣，更何況那次手術順利成功，賈斯莉娜至今的追蹤檢查也都相當正常，算是皆大歡喜的結局。

醫療認知扭轉生命後果

事實上，兩地醫師的想法常有歧見，但二〇一六年六月前往馬紹爾群島支援的雙和醫院麻醉科主治醫師朱律敏強調，馬紹爾群島醫療環境和台灣天差地別，如果我們前往協助時還抱著台灣的思維模式，多半會深感挫折。

她舉人工血管平台（PORT-A）這種台灣各醫療院所幾乎都有的醫療儀器來說，短短幾分鐘內，就可將藥物或營養劑輸注到人工血管裡面，讓病童不經鼻胃管就可獲得足夠的治療及營養補充，方便又好用。

在台灣，輸注十分鐘後，就能透過X光確認人工血管夠不夠用，或是有無移位。反觀在馬久羅醫院，卻要等上好長一段時間，只能說他們對醫療效率的認知稍有不同。

在為期一個月的滾動醫療服務裡，朱律敏一直忘不了那個不滿一歲的小女嬰露西。

露西是早產兒，罹患間質性肺部疾病症候群（Interstital Lung Disease Syndrome）這種先天性疾病，肺部組織出現不可逆的鈣化病變，必須仰賴呼吸器維生，曾轉送菲律賓就醫，卻無功而返，還是回到馬久羅醫院接受治療。

小兒科醫師再度面對狀況變得更糟的露西時，提出三個建議，首先是氣切後插氣管內管，其次是在上腹部做胃部造廔，方便直接給食物，第三則是裝置PORT-A，可隨時透過人工血管給藥。

院內高層討論後決定，露西年紀太小且病情並不樂觀，沒有做氣切的必要，只需做胃部造廔及PORT-A就行。雖然朱律敏和其他醫護人員順利完成胃部造廔及PORT-A，露西還是因感染導致多重器官衰竭而走了。

朱律敏說，馬久羅醫院的設備簡陋，醫療資源相對不足，加護病房也只有兩張病床，家屬卻可以任意進出，甚至在一旁睡覺，每天二十四小時陪伴重症家人，根本就是把加護病房當成一般病房，讓她大開眼界。

被送進加護病房的，通常是急重症的嚴重病患，抵抗力較差，若沒有嚴格管控而讓家屬任意進出，很可能帶來院內感染而危及病患生命。儘管如此，朱律敏等來自台灣的醫護人員也不便多說什麼，畢竟以馬久羅醫院的經濟規模及醫療水準，也只能做到這樣。

協助照顧露西的那些日子裡，朱律敏發現她那年紀輕輕的媽媽沒什麼經濟能力，於是和其他醫護人員合買些奶粉，沒想到才喝沒幾天，小小的露西就走了，留給她們無限唏噓。

積極治療的極限

馬久羅醫院不大，朱律敏常從急診室出入，有次看到一個老阿嬤躺在那裡，喘得很厲害，X光檢查確診是肺炎。隔天再次路過急診室時，發現那個老阿嬤不見了，她心想可能轉到加護病房或住院，沒放在心上。

過了幾天，她受邀到羅拉（Rola）地區參加一位小孩的生日宴，路過一個社區，剛好有個家族正在辦喪事，棺木就擺在客廳。她不經意看了一眼，赫然發現那位老阿嬤大大的照片就掛在上面，這才知道原來躺在棺木裡的，就是前些天才在急診室碰到的患者。

這到底是幸？還是不幸？朱律敏也沒有標準答案。

以台灣的標準作業模式，像老阿嬤這種喘得厲害的肺炎患者，通常會直接送進加護病房，氣切插管，打抗生素，等病情穩定後，可能轉住院，也可能安排出院，或是轉到安養中心繼續照護。

然而，這種模式在馬紹爾群島卻不見得可行。朱律敏分析，馬紹爾群島醫療資源相對有限，像老阿嬤這種肺炎病人，一來病情不輕，二來年紀也大了，在醫療經濟學的考量下，也許就比較沒有積極治療的必要。

「對那位老阿嬤來說，能夠回到家裡，並在家人祈福聲中安然離去，或許是最大的幸福，」回首那段不算遠的往事，朱律敏如此說。

送愛到伊拜島

伊拜島人口兩萬多人，是馬紹爾群島人口第二多的環礁，僅次於首都馬久羅市。從馬久羅到當地，要先搭飛機到瓜加連環礁（Kwajalein Atoll），再搭船進去，一趟路要花不少時間，除了當地居民及生意人，少有人會大老遠跑到那裡。雙和醫院心臟內科主治醫師宋立勤曾在伊拜待一個星期，直呼是這輩子難得的經驗。

伊拜島上的醫院，儘管位處馬紹爾第二大環礁，多年來一直沒有完整的診療科別。

那是二〇一六年四月初的事，他和我國設在馬久羅醫院的臺灣衛生中心專案專員徐韻婷一起到伊拜支援當地醫療。從馬久羅出發，經過一個多小時的飛行，抵達瓜加連機場後，他們先到一棟房子裡面接受護照查驗，再填表說明此行目的。慢著！伊拜不是馬紹爾群島的領土嗎？從馬紹爾群島的馬久羅到馬紹爾群島的伊拜，為什麼還要查驗護照？又為什麼要交代旅行目的？

道理很簡單，瓜加連環礁是美國花大錢向馬紹爾群島租的，美國在當地有個重要的軍事基地，為了確保軍事重地的安全，當然要特別審慎，就算路過也一樣。

辦好手續，他們兩人和其他島民被車子直接載到碼頭，在嚴密監視下搭船前往不遠處的伊拜島。下了船，宋立勤不禁驚呼，「哇！這個島怎麼那麼多小孩子？」站在街頭放眼望去，到處都是毛頭小孩，上了年紀的老人家則沒幾個。

有人開玩笑說，伊拜島小人多，人口密度居全球之冠，加上島上晚上也沒什麼娛樂，只好早早上床睡覺，努力「做人」，「生產率」當然高得嚇嚇叫。

這句玩笑話的背後，卻隱含一個值得深思的課題。雙和醫院院長李飛鵬就說，馬紹爾群島人口只有七萬左右，國民平均壽命也才五十幾歲，如果沒有較高的出生率支撐，說不定有亡國滅種之虞。曾到馬紹爾群島馬久羅醫院看診一個月的雙和醫院胸腔內科主治醫師陳冠元補上一句，那也要看這些孩子是否能順利健康長大，否則風險隨時都在。

不願拒絕任何病人

伊拜有家公立醫院，大都是菲律賓籍醫師，多年來一直沒有心臟內科醫師駐診，有心血管等相關疾病的患者只能找其他科醫師看診。一聽到有來自台灣的心臟內科醫師登島看診，院方早早就找了二十七位患者，安排好就診順序。

沒想到開始看診後，病患暴增，那個星期短短四天半的看診時間裡，宋立勤就看了近七十個病患，輕症重症都有。他清楚知道，有些病患是透過當地「重要人士」關係安排看診，但基於醫師職責，哪管只是芝麻大的小毛病，他都來者不拒，全心全力診察。

和台灣不同的是，那些病人都由原來的轉介醫師陪同，先詳細述說病人的病史，接著由宋立勤問診，若有必要則當場做心臟超音波檢查。接下來，他會先和原轉介醫師討論病情，最後再由那位醫師與病人解釋、衛教及開藥。

宋立勤問診發現，當地人很喜歡吃肉類及醃製食物，很少吃蔬菜及水果，且又吃得很鹹，賣場裡賣得最好的是罐頭，其中又以鹹鹹的鮪魚罐頭及牛肉罐頭最暢銷。

這些高油重鹹的食物長期吃下來，高血壓、高血糖及高血脂等「三高」患者到處都是，心血管疾病盛行率當然居高不下，但他們生性樂天知命，根本不以為意，反正明天的事明天再說，至於涉及身體健康的生死大事，那是很久以後的事，就更不用說了。

做所有能做的事情

就是這份無可救藥的樂觀，很多事在他們看來都不值一提。宋立勤他們抵達伊拜的那一天，就遇上全島大停電。在伊拜島，這種事很常見，只要全島唯一的火力發電機組壞了，或是柴油燒完了，而海運船期又沒接上，就停電了，但當地居民也不以為意，日子照過，反正柴油總有一天會運上岸，還是有電可用。

那一個星期裡，他們就碰到兩次停電，還好醫院有備用電源，不受影響。宋

立勤以聽診器做初步檢查，懷疑部分患者有心雜音，必須透過超音波來確認心臟是否真有問題，但新購的超音波還沒送到，還好他隨身帶了一台雙和醫院捐給馬久羅醫院的攜帶型心臟超音波，剛好派上用場。

雖只是重量才三公斤的陽春機型，還是可檢查心肌缺氧、心臟瓣膜缺損等毛病，只是當地沒有相關儀器設備及心臟外科醫師，就算確診為心血管疾病，也沒辦法做進一步的心導管及外科手術治療。

他能做的，除了協助轉診到國外動手術外，就是施以內科的藥物治療，再耐心提醒患者及家屬預防重於治療的重要性，要他們從日常飲食習慣著手，盡可能吃清淡一點。

看病要碰運氣

建議歸建議，成效如何就不得而知。宋立勤有點悲觀地說，伊拜的醫療資源不如馬久羅，加上轉診到國外治療要經過重重審查，不見得能如願，不少較嚴重的心臟病患就只能聽天由命，反正碰到就碰到了，一切都是命。

生活在醫療資源嚴重缺乏的國度，有時病人真的只能碰運氣。雖已過了一年多，趙順發只要一想起在馬紹爾群島的就醫經驗，還是心有餘悸。

那是二〇一六年初的事，從事食品菸酒批發的趙順發有天突然覺得後側腰部痠痠麻麻的，且一下子就從右側大腿、小腿往下延伸到腳底。

隔天早上醒來，症狀似乎有惡化趨勢，讓他覺得毛毛的，趕緊到馬久羅醫院就醫，掛號處的小姐聽他形容完症狀後，直接幫他掛號。

走進診間，醫師看了看他，也沒多問什麼，就連連發出「喔喔喔」的聲音，「你看起來還可以走路，應該還沒什麼大問題。」說完，就忙著低頭開處方箋，要他回家好好休息，「沒事的，」醫師這麼向他保證。結果他拿處方箋到藥局領藥，一問才知道醫師開的是安眠藥。

他不解地說，依常理判斷，從腰一路痛到腳底板，再怎麼說也應開止痛藥，怎麼會開安眠藥？

問他當時會不會怕？「會怕啊！怎麼不會怕？」身材壯碩魁武的趙順發毫不思索地脫口而出。

那天從醫院回到家裡，他愈想愈不對勁，立即上網訂機票，在最短時間內飛回台灣，找雙和醫院神經外科主任林乾閔動手術。術後返回馬紹爾群島時，他覺得至少恢復了九成左右，除了傷口還隱隱作痛外，原本的痠麻都不見了。

回想這段就醫過程，趙順發對馬紹爾群島醫療水準不再有信心，甚至心生恐懼。他說，剛發病時，痛還可以稍忍一下，但那種如針刺般的痠麻感，「痠到腰都快斷掉了！」坐也不是，站也不是，難受到讓他簡直想打人。

錯過治療黃金期

他的好友、在馬久羅市開超市的林俊榮也有類似的慘痛經驗。二〇一四年間，他的右耳突然聽不見聲音，頭暈極了，且一站著就暈得更嚴重，只能趴著身子。

他原以為是前晚喝太多酒造成的，休息一陣子就沒事，但隨著時間一分一秒過去，暈還是暈，他驚覺不對勁，決定回台灣治療，卻怎麼也訂不到機票，等他搭飛機回台灣趕到雙和醫院時，已經是兩週以後的事了，早已錯過治療黃金期。

如今，林俊榮也只能服用類固醇，或是接受高壓氧治療，不讓病情繼續惡化下去。有人問他當時為什麼不到馬久羅醫院就醫，他回答得挺無奈的，「我哪曉得這裡的醫師可不可以治療？會不會治療？」既然對馬紹爾群島這裡的醫院和醫師沒有信心，哪敢留下來治療！

提彭（Amon Tibon）是馬紹爾群島開發銀行經理，也是馬紹爾群島共和國內政部部長馬修（Amenta Matthew）的先生，他這兩、三年來的就醫經驗，反映了很多馬紹爾人的困境。

提彭是個骨癌病患，病情已惡化到末期。四年前的某天晚上，他想到外面走走，才走到家門口，左腳突然無法使力，隨即跌倒並昏倒在一輛車子旁邊，家人聽屋外傳來一聲巨響，趕忙出門探望，赫然發現他躺在地上，連忙把他送到馬久羅醫院。

不巧的是，那天停電，馬久羅醫院也不例外，沒辦法動手術，提彭只好忍痛到隔天才被推進開刀房，卻因失血過多，緊急輸注大量臨時募來的鮮血，才救回一條命。原來，腫瘤就長在左腳膝關節附近，醫師開刀要把脫位的關節及骨頭復位，卻不小心傷到充滿血管的腫瘤而大量出血。

幾個月後，他再也受不了左腳不時傳來的劇痛，轉到菲律賓就醫，骨科醫師把先前馬久羅醫院置放在左腳的鋼板取出，重新在骨頭裡面放塊鋼板，再從骨頭

術後醫護人員對提彭的照料讓他倍感溫暖，提彭大讚「他們做得好極了！」

外面鎖上鋼釘固定。

術後一年內，他的疼痛加劇，有時痛到必須仰賴拐杖才能走路。馬紹爾群島銀行董事長陳子瀛看到老友這番景況，也於心不忍，協助安排他到台灣的雙和醫院就醫。

二〇一六年二月，提彭終於飛抵台灣，隨即在雙和醫院接受詳細檢查及治療。放射線治療時，傷口組織不時流出滲出液，醫師只好先暫停治療癌症，改施以傷口的清創手術，接著開刀把鬆掉的鋼板及鋼釘取出，重新在左腿骨裡置入鋼板，最後再以鋼釘牢牢固定住。住院一個多月後，傷口完全癒合，他才放心出院，搭機回馬紹爾群島。

不久後，雙和醫院副院長林家瑋再度前往馬紹爾群島，特地到他家探視，發現他的疼痛範圍擴大，從左大腿一路往下延伸到左小腿，且疼痛程度加劇，當下安排他二〇一六年十一月再回雙和醫院回診。提彭自己也清楚，骨癌已進展到第四期，疼痛難免，但他還是希望能找到一個可提升生活品質的醫療照顧模式。

先後到菲律賓及台灣就醫，哪邊的醫療水準較高？提彭展現銀行家的特質，「兩邊都不錯，」不過他立即補上一句，同樣是骨科手術，菲律賓前後花了十二個小時，台灣只花三小時。

他接著抱怨，在菲律賓開完刀從手術房出來時，還在麻醉階段的他就被送到恢復室，等他麻藥退了醒過來，只見整間恢復室滿滿的病患，少說也有八、九個，我看你，你看我，一點隱私也沒有。

在雙和醫院就不一樣，術後醫護人員直到他麻藥退了，才把他推到恢復室，且整間恢復室只有他一人，讓他倍感溫暖。這件事他一直掛在嘴邊，再三稱讚醫護人員，「They did a good job!（他們做得好極了！）」

他更不忘誇讚林家瑋，不管何時何地碰面，都是笑嘻嘻的，看了就喜歡。

前往馬紹爾闖天下

走在馬紹爾群島首都馬久羅市的大街上，從銀行、汽車代理商、超市、建材到家庭生活百貨，都可看到台灣人努力打拚的身影，若說台商撐起馬國市場經濟的半邊天，實不為過。

簡詩宗認為，如果能每個月都派一位醫師至馬紹爾群島，當地居民任何一天都可得到照顧，那就再好不過了。

台灣同鄉會中，簡詩宗從一九八三年起就踏上馬紹爾群島，至今已待超過三十幾個年頭，絕對是前輩中的前輩。

「那是很久很久以前的事了。」簡詩宗是電工技師，一九八三年服務的九井工程公司標到馬紹爾群島地下電纜工程，他被公司派到這個人生地不熟的環礁島嶼國家工作，一待待了三年。

工程結束後，他被調回台灣，心想在台灣再怎麼打拚也只是小小的技師，反觀馬紹爾群島充滿了機會，空氣好，風景漂亮，民風純樸，加上他又喜歡大海，更喜歡釣魚，於是把妻兒留在台灣，隻身到這島國闖天下。

再次來到馬紹爾群島，簡詩宗在馬久羅市一個叫「小島」（Small Island）的地方開了一家兼營酒吧的餐廳，賣些排骨飯、雞腿飯、牛肉飯及魚排飯等簡餐，晚上再賣些酒，生意平平，雖沒賺多少錢，卻認識不少人，建立豐沛的人際網路。

二〇一五年秋天過世、備受百姓愛戴的馬紹爾群島大酋長澤德卡亞（Jurelang Zedkaia）就是他的好朋友。

當時，澤德卡亞只不過是馬久羅醫院的小護理師，三不五時找簡詩宗喝啤酒聊天，兩人熟得像親兄弟一樣。簡詩宗後來投資超市和旅館，多少受他的關照，事業蒸蒸日上。簡詩宗如今憶起這位情同手足的異國友人，還是感念不已，直說他是正直的好人。

奮鬥，再奮鬥

雖有貴人相助，簡詩宗還是不敢稍有鬆懈，依舊拚勁不減，逐漸將事業版圖擴大，至今擁有 ELM MOTORS、OFFICE MART 及 MAJURO True Value 三大事業，從汽車銷售租賃、辦公文具、家具用品，涵蓋到建材五金及太陽能板，甚至連各型遊艇也一應俱全。

如今，年近七旬的簡詩宗已逐漸交棒給長子及專業經理人，快樂過日子。喜歡大海及釣魚的他，不久前把舊遊艇賣了，換了一艘馬力更強、設備更齊全的全新遊艇，有空就往外海跑，釣些石斑、紅鱒等珊瑚礁魚，回家分送給親友享用，日子過得輕鬆寫意。

回想這半輩子的海外生涯，簡詩宗以「奮鬥，再奮鬥」一句話形容自己這一路走來的點點滴滴。陳子瀛和劉亦君這兩位和他同期來到馬紹爾群島打拚的第一代台商又何嘗不是，數十年如一日地努力工作，如今一個貴為馬紹爾群島銀行董事長，一個是房地產公司老闆，都在他鄉異國闖下一片天。

如今事業稍有成就，簡詩宗終於可鬆一口氣，每年回台灣三、四次，回到位於台南東山區東原村的老家，探望高齡九十幾歲的雙親，善盡孝道。

「人生啊，一定要寬以待人，」早年受多位貴人相助的他深知人際關係的重要性，凡事留些餘地，既為別人也為自己好，而這也是他廣受馬紹爾群島台商敬重的主要原因。

駐診團隊成依靠

漸漸有了年紀，簡詩宗難免掛心健康狀況。自從雙和醫院接受政府委託在馬紹爾群島設立臺灣衛生中心後，簡詩宗頓時有了依靠，只要有任何醫療問題，就往那裡跑，或到馬久羅醫院找雙和醫院派來支援的醫師就診。

有次，他覺得血壓偏高，擔心心臟出了問題，就到醫院掛號，找台灣來的心臟內科醫師看診，同時安排心臟超音波檢查，最後確認心臟沒問題，才放下心中那塊大石頭。

「有你們真好！」簡詩宗真心感謝那些遠渡重洋前來駐診的台灣醫師，他認為台灣醫療水準在亞洲數一數二，雙和醫院派出滾動醫療團，一棒接一棒派出不同的專科醫師到馬紹爾群島駐診及開刀，對當地台商是一大福音。

他說，馬紹爾群島醫療落後，急重症患者通常要轉診到美國、夏威夷、關島或菲律賓就醫，前三地醫療水準雖夠，但醫療費用驚人，不是人人負擔得起，且往往要等上一段時間才能得到適當的治療；菲律賓醫療水準則參差不齊，醫療費用又居高不下，不是很好的選擇；相較之下，台灣醫療技術好且費用又合理，很有吸引力。

就拿他來說，以前還常到夏威夷就醫或做身體檢查，近些年來已轉回台灣做。雙和醫院推出的滾動醫療團目前已達每年六位醫師、每位醫師駐診一個月的時間，也就是已達到一年中有半年可看到台灣醫師的地步。好，還要更好；簡詩宗期許政府能挹注更多醫療外交經費，擴大滾動醫療團的陣容，「如果能每個月都派一名醫師來馬紹爾群島，台商任何一天都可得到這些醫師的照顧，那就再好不過了。」

為總統夫人看病

經過幾年的努力經營，在人口不多的馬紹爾群島，台灣醫師的名氣逐漸傳開，連馬國政府高層也都聞風而來。二〇一四年九月，雙和醫院派出十三人的行動醫療團，獲得當時的總統羅亞克接見，總統當下請醫療團的醫護人員為他和夫人量血壓及血糖。

隔年十月，由三位醫師及兩位專科護理師組成的醫療團再度造訪馬紹爾群島，碰巧總統夫人在家庭聚餐時突感眩暈不適，立即請行動醫療團到官邸診療，血壓和血糖檢查都正常，心律也無異樣，心臟內科主治醫師楊宗燁和新陳代謝科主治醫師何志聰研判是太過勞累引發的陣發性眩暈，建議她休息一下，再服用藥物，症狀逐漸緩解，解除一場虛驚。

不再眩暈，總統夫人當下心情大好，送給每位醫護人員一隻煮熟的特大號龍蝦，那晚把大家吃撐了。雙和醫院整形外科暨燒燙傷傷口整合照護中心技術組組長黃晴雯把那天和龍蝦合拍的照片設成電腦桌面，常引來驚嘆聲。她至今仍念念不忘的是，那位總統夫人非常客氣，完全沒有架子，親和力十足。

二〇一六年十月，黃晴雯再度前往馬紹爾群島，參加非傳染性疾病國際研討會並擔任講師。有天晚上在餐廳用餐時，巧遇這對已卸任的國家元首伉儷，他們還熱情地和她打招呼，一如尋常人家的老夫婦。

稱霸異鄉漁業市場

台灣是遠洋漁業大國，浩瀚無垠的太平洋是圍網漁船施展身手的舞台，位於赤道附近的馬紹爾群島首都馬久羅市地理位置適中，一直是這些遠洋圍網漁船船隊最重要的運補基地，但如果少了林長生這號人物，這些船隊的戰力將大打折扣。

林長生是優力佳船務代理公司的老闆，各國漁船進出馬久羅港口的報關及運補作業，半數以上由優力佳代理，不難想見他稱霸市場的雄厚實力，而這些成就都來自偶然。

生長於南投鹿谷鄉鳳凰村，林長生高工畢業後並沒有留在家鄉務農，而是隻身北上，在台北建築工地包些配電工程，後來因緣際會從事房屋仲介賺了些錢。就在這時候，在馬紹爾群島經營超市的林學銘向他招手，邀他到這個島國一起開創事業，他才抱著姑且一試的心態，踏上這個數千里遠的異鄉。

從投資加油站到插旗建築業，林長生都勇於挑戰，但都以失敗收場。心情鬱悶的他天天騎著島上僅有的一輛腳踏車到處閒晃，找人聊天抽菸，朋友不忍見他坐吃山空，邀他入股經營船務代理公司，沒想到一樣所託非人，最後因經營理念不合，還是走上拆夥一途。

從挫敗中站起

林長生愈想愈不甘願，秉持「哪裡跌倒，就從哪裡爬起」的信念與決心，到處張羅資金，獨資開設優力佳船務代理公司。

剛開始，幾乎沒什麼生意上門，他也只能咬牙苦撐，慘澹經營；還好，天公疼憨人，在一個偶然機緣下，日本知名的伊藤忠商事把旗下冷凍船代理業務轉到他的公司，其他大型漁業公司隨後也陸續跟進，終於讓他度過難關，站穩腳步。

台商林長生經營的船運公司在馬紹爾深具規模，船員發生意外時，更需要當地緊急的醫療支援。

船務代理業務繁雜，從漁船入港前就要開始作業，首先是向港務局申報領港許可，接著申請移民局、環保局及漁業局等六、七個相關單位一起上船清關。漁獲轉載的那兩、三天裡，要為漁船補給油、鹽、米、肉類及蔬菜。一切準備就緒後，最後再申請出港時的報關及領港許可。

最近五年來，優力佳船務代理公司每年都做到兩、三百船次的生意，漁汛旺季時更是忙到不行。

就遠洋漁業來說，廣大的太平洋海域是個競爭激烈的戰場，近三十個國家的船隊在大海中拚搏，為的是一隻隻壯碩肥美的黃鰭鮪和正鰹魚。

每艘圍網漁船大都配備有直升機及小艇，一發現漁汛，立即下網圍捕。全長兩公里的漁網所圈出來的範圍，大概有六十個美式足球場大，運氣好的話，一網可捕到上百公噸漁獲。

事業越做越大，難免會出現狀況。二〇一六年十月，他代理的一艘遠洋漁船在清理底艙時，發生沼氣中毒事件，一名印尼籍船員不幸死亡，另一名台灣籍輪機長倒地不起，經緊急搶救才撿回一條命，立即就近送到馬久羅醫院治療，但症狀仍未見改善，只好後送回台灣就醫。

林長生認為馬紹爾群島的醫師只會切、切、切，沒什麼醫術可言，他期待滾動醫療團優質的醫護團隊能提升當地醫療水準，讓糖尿病病患擺脫截肢命運。

有朝一日要擺脫截肢命運

林長生直言，馬久羅醫院是馬紹爾群島規模最大的醫療機構，醫療技術卻不怎麼樣。更早以前，一個船員操作漁網時，右手大拇指被突然飛捲而來的鋼纜硬生生切斷，那名船員立即把斷指撿起，用生理食鹽水浸濕的毛巾仔細包起來，放進塑膠袋，置入冰箱冷藏，再盡速趕回馬久羅醫院就醫，希望能將斷指接上。

以台灣的醫療技術，只要保存好斷指，並趕在一定時間內就醫接受顯微手術，逐一將血管及神經接上，大多數斷指都能重新復位並恢復大部分功能。那個船員到馬久羅醫院就醫時，醫師看了一下，卻說傷口已經感染，無法把被鋼纜切斷的大拇指接回去，簡單敷藥包紮後，就把他打發走了。

「這裡的醫師只會切、切、切，沒什麼醫術可言，」林長生有點生氣地說，馬紹爾群島很多人罹患糖尿病，足部常因傷口護理不好而感染、潰爛，醫師通常不積極去把傷口治療好，而是乾脆將患肢鋸斷，以求一勞永逸。這些年來，拄著拐杖在街上走的截肢病患越來越多，通常就是這些醫師的傑作。

雙和醫院副院長林家瑋指出，雙和一年到頭頂多截除一、兩個糖尿病病患的患肢，反觀馬久羅醫院一年就截掉近兩百條患肢，多得離譜。

他期待有那麼一天，行動醫療團及滾動醫療團優質的醫護團隊能提升當地醫療水準，糖尿病病患可以獲得最好的醫療及照顧，擺脫不得不截肢的命運。

支持台灣貨

邀林長生到馬紹爾共創事業的林學銘，也是馬紹爾群島台灣同鄉會會長，福泰的身影，總是闔不攏的笑臉，一看就是可以凝聚鄉親情感的模樣，「攏係為台灣啦！」

就是這份熱愛台灣的心，讓他在馬紹爾群島打拚二十個年頭事業有成的今天，就算在競爭激烈的生意場上，他還是逐漸選擇揚棄中國大陸及東南亞製造的低價商品，轉而進口台灣貨，就是要以行動支持台灣的外銷產業，協助故鄉走出近幾

台灣同鄉會會長林學銘與兒子林哲緯認為，如果能提供不錯的醫療服務，可為馬紹爾群島留住人才。

年低迷不振的景氣。

馬紹爾群島人口才七萬多人，首都馬久羅市就有三萬多人，接近總人口的一半，超級市場少說也有五、六個連鎖品牌，競爭相當激烈，其中林學銘開的福爾摩莎超市，就有三家連鎖店，實力屬一屬二。在琳瑯滿目的商品中，光是從台灣進口的，就占三成左右，不難想見林學銘想為故鄉盡點力的心意。

他指著一包包二十磅裝的白米，都是道地的台灣中興米，只是換了包裝。為了打響台灣米名號，他甚至推出買一包米送一瓶醬油的促銷活動，而附贈的那瓶醬油也是從台灣來的味王製品。

隔幾個貨架，整面牆掛滿了各種顏色的夾腳拖，林學銘可神氣了。「這些全都是台灣做的，光是一年就可賣出五萬多雙，」他得意地算了一下，馬久羅市三萬多人口，平均每人每年穿近兩雙這款被戲稱為「台灣拖」的夾腳拖，不難想像其風靡程度。

「東西賣久了，就是你的。」他隨手拿起一包蒜味蠶豆酥，剛開始從台灣進口時，他姊姊還笑他頭殼壞了，「馬紹爾人哪會吃這種奇奇怪怪的東西？」結果目前每月至少賣掉一百箱以上，對此，林學銘總結一句話：「吃習慣了，」他再三強調，新產品可能沒人要吃，但久了之後慢慢習慣口味，銷路就打開了。

戲棚下站久了，舞台就是你的

這種「戲棚下站久了，舞台就是你的」的經營哲學，林學銘的兒子林哲緯也漸漸悟出其中奧妙來。他長期觀察發現，馬紹爾群島人品牌忠誠度高，不會輕易嘗試其他品牌，比如說他們喝慣了某個品牌的咖啡，就算你進口品質更好的咖啡，他們也不太會更換。

不過，堅持並伺機而動，有時還是會有收穫。林哲緯舉例，馬紹爾群島某些食品常會因船班延誤而缺貨，逼得島上的居民不得不改買其他品牌，如果這個品牌夠好，久而久之就會取代原有的品牌，同時也重新建立他們對新品牌的忠誠度，福爾摩莎超市獨家進口的咖啡，就是這樣攻占市場的。

為了累積實力，林哲緯極力建立屬於自己的通路，進而創造自己的品牌，如此就可和國際知名公司洽談代理事宜。二〇一三年取得日本啤酒第一品牌朝日啤酒（ASAHI）的馬紹爾群島代理權，就是循這個模式。

他不諱言，剛開始代理時，推廣得很辛苦，因為當地人已喝慣了某大國際品牌的啤酒，對朝日啤酒的接受度並不高，逼得他們到處找人寄賣，甚至找機會舉辦試喝活動，增加曝光度。如今品牌效應逐漸浮現，反而是不少銷售業者主動找他們批貨。

林哲緯規劃，福爾摩莎超市有朝一日會往其他太平洋島國發展，但在這個宏大理想背後，卻面臨人才難尋的隱憂。近年來，馬紹爾群島人口一直外移，不少專業人才紛紛移民美國，本土企業找不到優質員工，大大限制了未來發展性。

福爾摩莎超市就深受其害，林哲緯說他們訓練不少可以獨當一面的經理人才，最後卻一個個跑到關島或夏威夷發展，想留也留不住。為此，他把目標轉移到台灣的年輕人身上，提供每月一千兩百至一千三百美元的薪資，食宿及交通費全包，每年還提供來回機票，讓他們回台灣休一個月長假。

結果呢？林哲緯嘆口氣，無奈地搖了搖頭，大多數台灣來的年輕人待了一年就走了。他深入分析，無聊、寂寞和苦悶是這群年輕人無法在馬紹爾久留的主要原因。

馬紹爾群島到處是海，海水是藍的，天空也是藍的，風景美不勝收，但天天看，月月看，久了就膩了。加上馬久羅市沒什麼娛樂可言，晚上想吃宵夜，沒有夜市，也沒有二十四小時營業的超商，能撐得住的年輕人真的不多。

用醫療吸引人才

就算這樣，林哲緯還是把台灣優質年輕人吸引到這個島國視為最重要的事，單身的待不住，就找情侶或夫妻一起來，少了分隔兩地的相思，多了朝夕相處的甜甜蜜蜜，也許可以留下更多人。

在積極徵才的過程中，如果能提供不錯的醫療服務，那就再好不過了。林哲緯坦言，馬紹爾群島的醫療水準低落，就算是國家級的馬久羅醫院，醫師大都是菲律賓籍，醫術普通，一有緊急病痛，病人也難有期待。

還好，自從雙和醫院在馬久羅醫院設置臺灣衛生中心，有了醫療諮詢窗口，加上近年來又推出滾動醫療團，常派出專科主治醫師到馬久羅醫院駐診一個月，提供門診及手術服務，當地台商都覺得很安心。

林哲緯說，如果滾動醫療團的規模能從一年六位醫師駐診六個月，擴大到一年來七、八位醫師，甚至每個月都有醫師駐診的頻度，將讓台商及當地民眾更安心，不管何時何地出現病痛，都可得到適切的醫療照顧。就算受限於科別無法完整治療，也可轉診到台灣進一步治療。

LEÑTAÑIR

LAURA

將愛延伸到醫院之外

除了醫護人員提供的專業醫療服務，志工在社區做健康監測，更是支援緊急跨島醫療任務的重要角色。

到馬紹爾群島當志工，雖是邱翰憶的志趣，但不同文化帶來的衝擊，還是讓他吃了不少苦頭。

他申請的是公衛志工，剛被調派到馬久羅醫院時，急診室正缺護理人員，主管看他的履歷表上有護理背景，當場要他留下來，經過他與另一位主管極力解釋，才沒成真。

他心有餘悸地說，他志在公衛及電腦資訊，若真的被留在急診室當護理師，光是工作就沒日沒夜，根本無法發揮他在公共衛生及資訊的興趣及專長。

搭漁船出任務

透過馬紹爾群島衛生部公共衛生辦公室主任艾拿（Aina）的推薦，他被派到衛生部外島健康照護辦公室工作，協助該辦公室主任內森（Arata Nathan）建置四十九個外島健康中心的通報資料。

邱翰憶說，馬紹爾群島的醫療及公衛資料不全，且還停留在紙本階段，世界衛生組織或美國等協助該國的相關機構向他們要一些資料時，通常先請對方稍等一下，再回頭翻箱倒櫃找尋，就算好不容易找出來，也是一疊沒有加值整理的雜亂資料。

他接手後，逐一將各筆外島健康中心的資料輸入電腦建檔，短短幾個月下來，總算把基本資料整理起來。馬紹爾群島有兩千多個小島，只有四十九個小島設有類似台灣各鄉鎮市區衛生所的健康中心，人員配置視當地人口多寡而定，從一人至三人不等。

邱翰憶出任務時，沿途吃罐頭及麵包等即食食物，只能以假餌釣魚打打牙祭。

這些健康中心沒有醫師，只有受過兩年訓練的健康照護員（Health Care Assistant），他們有基本的醫療及護理等初期照護能力，可以接生，也可以開藥，但若碰到急重症，就必須透過漁船用的無線電對講機，向位於馬久羅市的外島健康照護辦公室求援，他們評估後再決定是否提供協助。

外島健康照護辦公室擁有兩艘一大一小的船，大的那艘船底破了一個洞，修了將近半年還沒修好；小的那艘雖性能不錯，但一次只能載十來人，加上噸位不大，只能到鄰近馬久羅市的幾個小島出任務。

邱翰憶就曾隨船出海，所有的吃喝拉撒睡全在船上解決，因此除了必須的醫療用品外，他們還把裝有食物及飲水的冰箱帶上船。船上不能生火，只能吃罐頭及麵包等即食食物，或是沿途以假餌釣魚來打打牙祭。

邱翰憶他們釣過黃鰭鮪、鰹魚和紅鮒，由於船上不能生火，釣上來的魚就當場宰殺，現切生魚片來吃。

還好，他們沿途會經過一些小島，能透過以物易物的方式，換些島上的東西來吃。他吃過已發芽的椰子，剖開外殼，挖出裡面的椰肉來吃，這種被當地人稱為「ＩＵ」的發芽椰子，已沒有椰子水，椰肉軟軟甜甜的，是他這輩子吃過少數極為好吃的食物之一。

救援吃魚中毒患者

二〇一六年七月二日清晨，邱翰憶和內森主任等人出任務，一大早搭小型螺旋槳飛機緊急飛到埃林拉普拉普環礁（Ailinglaplap Atoll），降落在其中一個叫瓦加（Waja）的小島，將島上一名吃魚中毒的患者運回馬久羅醫院急救。

飛機降落後，躺在小貨車上待援的那位年約五十歲的中年男性被迅速移到擔架上，抬上飛機，隨即起飛返航。根據他記在手機上的救援紀錄，早上七點十五分降落，七點二十五分返航，前後只花了短短十分鐘。

不幸的是，那位患者被送到馬久羅醫院時，瞳孔已放大，雖心跳及血壓正常，但治療一個星期後還是走了。邱翰憶研判，那位患者可能中了神經性毒素，最後才導致多重器官衰竭死亡。

這也凸顯一個當地常見的問題。馬紹爾群島經濟海域廣闊，漁業資源豐富，經常出現吃魚導致中毒的個案，原因是小魚吃了有毒的海藻，大魚又吃小魚及海藻，體內累積更多的毒素，一旦被人吃下，就可能中毒。當地民眾普遍知道這種食物鏈的風險，盡可能不吃近海捕撈的魚，也不吃體型較大的石斑，就是怕中毒。

如果無法抵擋野生石斑的鮮美滋味，最好吃體型小一點，或是從外海捕的。小型石斑體內累積的毒素較少，至於外海的有毒海藻不多，嗜食海藻的石斑體內也較不易蓄積毒素，相對安全。邱翰憶透露，馬紹爾群島居民大都食用鮪魚或鯛類魚種，也許可做為參考。

環礁島間的緊急輸送大使

馬紹爾群島有二十九個環礁，每個環礁又由數十至近百個小島環繞而成，總計兩千多個小島，卻只有四十九個健康中心，醫療資源相當不足。

在衛生部外島健康照護辦公室工作一段時間，對外島狀況有相當程度的了解。邱翰憶不禁感慨，同樣是人，偏遠外島居民生活在不盡公平的環境下，生病了，往往只能等，等不及的就走了。

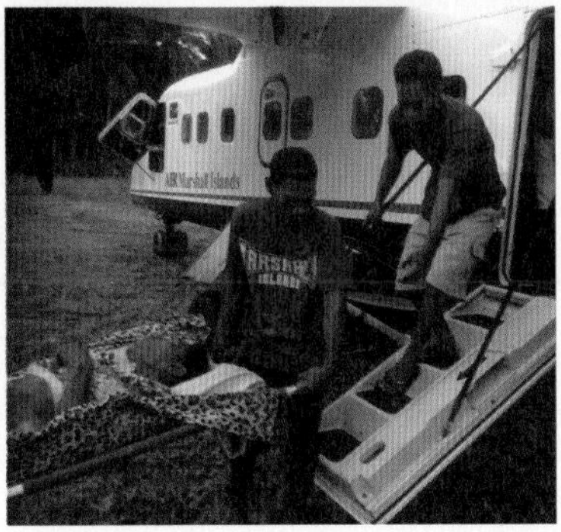

透過螺旋槳飛機的接送，病人可以跨越島與島之間的地理障礙，緊急到馬久羅醫院進行治療。

他曾出過四次救援任務，都是大清早摸黑出發。二〇一六年七月十三日，他和內森主任等人準備搭小型螺旋槳飛機前往迷你環礁（Mini Atoll），接一位腹部疼痛腫脹的五十五歲中年男性回馬久羅醫院治療。當地健康中心健康照護員先前透過漁船用無線電通報，那名患者出現腹部不明腫脹，且又有腹水，他們懷疑是腹膜炎，一定要盡快接回來就醫，沒想到卻出了狀況。

原來那天一大早趕到機場時，機長臨時發現一具螺旋槳怪怪的，不易發動。那種十人座小型飛機的螺旋槳左右各一，一具有問題，那可是天大的事，誰也擔不起這種風險。一行人被請下飛機後，工作人員趕緊檢查及維修，還是搞不定，最後只好換搭另一架同型的螺旋槳飛機，起飛時已是下午時分。

靠語言打進生活圈

從陽明大學護理系、台灣大學健康政策與管理研究所到遠赴非洲甘

馬紹爾群島漁業資源豐富，但也經常出現吃魚導致中毒的個案。

比亞及大洋洲馬紹爾群島，邱翰憶走一條和別人不太一樣的路，有甘有苦。他認為最難的是打進屬於不同文化的人際網路，因為就算你自認是來做公益，不涉及任何商業利益，對方還是會把你當成外人，還是會懷疑你的動機，很多志工過不了這關的考驗，就草草打了退堂鼓。

「一定要把握第一個月，打入他們的生活圈子，」邱翰憶認為，如果不能在很短時間內取得對方的信任，未來的路就不好走。在這場看不見的戰役中，語言是最佳的武器及橋梁。

為了不讓同辦公室的馬紹爾同事把他視為外來者，邱翰憶無時無刻不在學馬紹爾語，主動找機會用馬紹爾語和同事聊天，再用手機錄音，下班回家後不斷複習。他甚至把「你好嗎？」的馬紹爾語寫在辦公室的白板上，每天瘋狂地唸，常被同事取笑是瘋子。

就憑著這份執著，短短兩、三個月後，他已可以用簡單的馬紹爾語和當地人交談。為了讓自己講得更溜，他每個星期天都陪內森主任上教會，牧師給他英語和馬紹爾語對照的單張宣教文件，就成為他最好的課本。

來回教會的路上，他也沒閒著，每次都把握那短短十來分鐘時間，用馬紹爾語和內森主任閒話家常，雖然辛苦，果實卻非常甜美。

走進社區辦衛教

在馬紹爾群島的非傳染性疾病防治工作場域，和臺灣衛生中心併肩作戰的非政府組織有好幾個，JICA無疑是值得信賴的朋友之一，平時大家各忙各的，要辦大型活動，或到社區進行量測血糖血壓及衛教宣導時，再一起行動。

JICA在馬紹爾群島的志工有兩位，分別是平山紀子和飯島佐智子（Sachiko Iijimo），一個是護理師，一個是營養師，兩人合作無間。

佐智子二〇一六年十月上旬到密克羅尼西亞幾個小島渡假十天，回馬紹爾群島的隔天就立即上工，兩人戴上草帽，頂著大太陽從馬久羅醫院走到不遠處一家複合式商店，進行社區衛教活動。上午十點半一到，一些附近社區的居民就已開始上門排隊了。

YAMAHA這家複合式商店不大，卻賣各式各樣的商品，有冰箱、平板電視、洗衣機、音響這種大型家電，也有五金工具、背包、傘、吉他、馬紹爾群島手工禮品及日系食品等。也許是頂著ＹＡＭＡＨＡ這個響亮名號，那裡還賣各式機油，也賣大小輪胎，就連遊艇的馬達也有，走的是一應俱全的日系風格。

為健康把關的熟練身影

紀子和佐智子顯然很常在那裡辦衛教活動，一進門就忙著和日籍及馬紹爾籍的員工熱情打招呼，再熟門熟路地走到最角落，把茶几搬到一旁，沙發移到定位，挪出小小的空間來，接著再將體重計擺在地上，把血壓計及血糖測量計放在茶几上，開工了。

佐智子負責量體重及腰圍，紀子則是量血壓及測血糖，兩人快手快腳，一個社區居民從進來到出去，兩、三分鐘搞定。

「哇！哇！你要到醫院走一趟了。」三十七歲的湯普森（Thompson）搶得頭香，第一個報到，才測完血糖，紀子的眉頭就整團皺了起來。

「為什麼？我覺得好好的呀！」長得又精又壯的湯普森一臉狐疑。「因為你的

JICA 志工為社區居民做健康檢查，提早預防疾病。

志工帶著馬紹爾當地居民做體操，在歡樂中培養他們運動的興趣。

血糖值二九八mg／dL（毫克／分升），幾乎高出正常值兩倍以上，一定要到醫院檢查一下。」

紀子隨即拿出馬久羅醫院的預約掛號單，「下星期一上午、星期二全天、星期四上午，你哪個時段有空，我幫你預約。」湯普森想了一下，選了星期二上午。

「三一五mg／dL，你的血糖值更高，十之八九罹患了糖尿病。」量完艾尼恩（Biten Anien）這個四十二歲中年男子的血糖，紀子直接拿出預約掛號單，問了時間後，就直接要他到馬久羅院就醫。她直搖頭地說，這裡的人不怎麼把健康一回事，飲食也沒控制，很容易就得糖尿病。

一起做體操

可不是！攤開一張張每個人的紀錄表，湯普森九十五公斤，艾尼恩九十四公斤，其他的受測男性體重也都是九十公斤起跳，就算身形較小的女性，六、七十公斤以上也比比皆是，長此下去，都是慢性病的準候選人。

「喔耶！」雖然體重高達九十一公斤，三十八歲的歐巴桑凱瑞莎・隆（Karitha

Long）一聽血糖值才一四四mg／dL，比兩個月前一四五mg／dL及半年前的一七〇mg／dL還低一些，高興地手足舞蹈起來，抱著紀子和佐智子猛親。「我就知道，我一定可以做到。」

才半個多小時，十幾個人的檢測全數完成。紀子和佐智子快手快腳將體重計、血壓計和血糖測量計收好，再把沙發及茶几歸位，然後走到兩側都是貨架的走道，帶領五、六位YAMAHA的員工，「一二三四，二二三四，三……」，在狹小的走道上做起體操，讓人見識到日本人做事認真、嚴謹和細膩的一面。

生活在馬紹爾

到馬紹爾進行醫療服務，
了解當地文化與生活方式也是重要的一環。

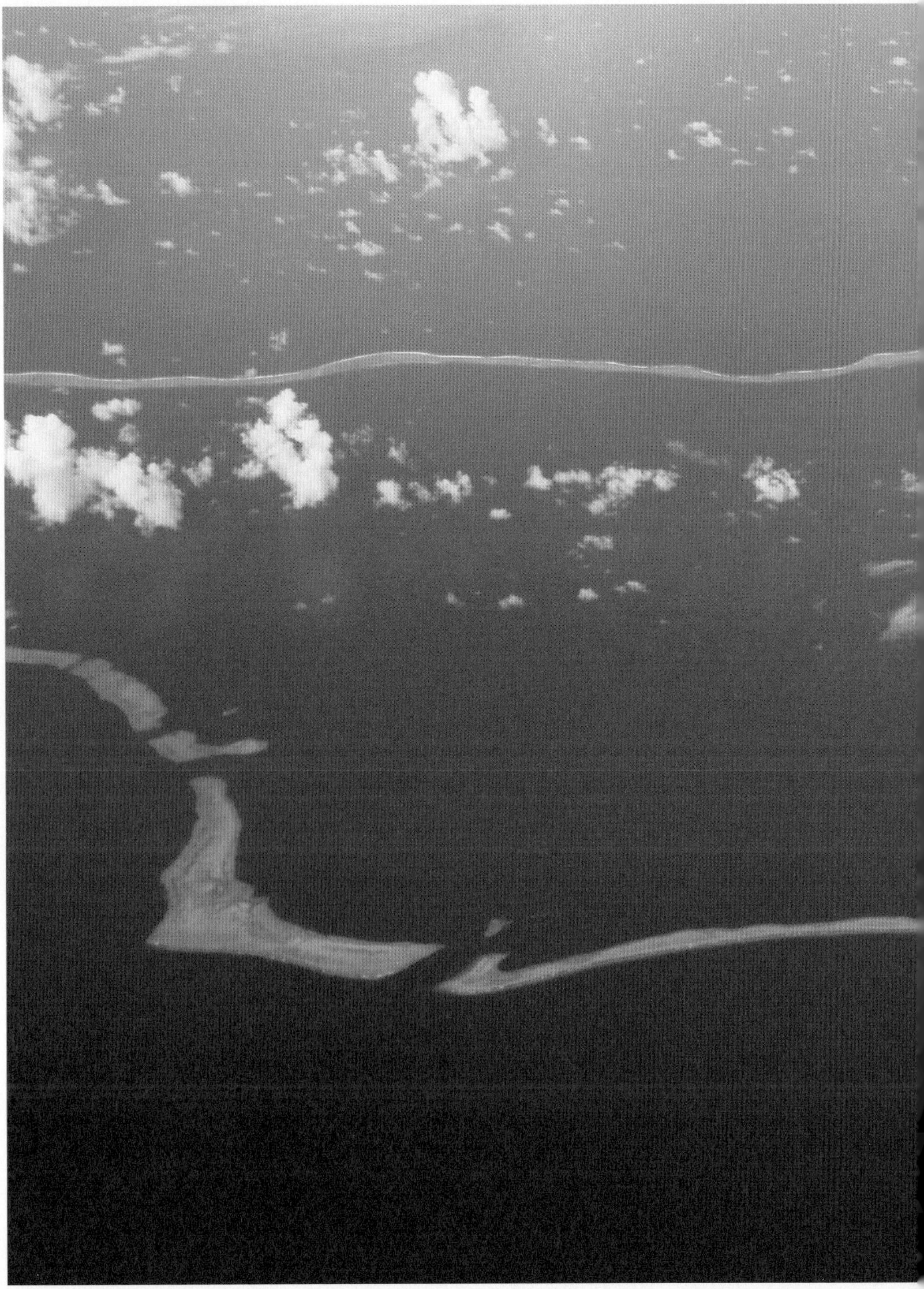

生命的歷史傷痕

深入現場後才發現，
原來馬紹爾人的健康問題
不只是急迫的現況，
更是世代累積的歷史傷痕……

馬紹爾群島位於北太平洋，由兩列大致平行的二十九個環礁、總共一千兩百二十五個島嶼組成，二十九個環礁中，二十四個有人居住。最東邊為日出列島（Ratak Chain），最西部為日落列島（Ralik Chain），陸地面積僅一百八十一平方公里，不到一個台灣大，經濟海域面積卻廣達兩百一十三萬平方公里。

根據官方資料，馬紹爾群島大約從一千五百年前才開始有人居住，一般推測是南島語系人民從更遠的島嶼逐一跳島到達此地，落地生根住了下來。從馬紹爾

從馬紹爾人褐黑色的皮膚，以及立體而鮮明的臉部輪廓看來，他們確實可能有南島語系的血統。

人褐黑色的皮膚，以及立體而鮮明的臉部輪廓看來，他們確實可能有南島語系的血統。

改變生活的歷史轉捩點

馬紹爾群島的歷史有點複雜，從大航海時代開始，西班牙及英國都曾在這個島國留下足跡，十九世紀後，美國傳教士亦曾進入馬紹爾群島，但直到德國人到達之後，才留下經營痕跡及影響力。我國駐馬紹爾群島共和國前大使陳文儀指出，部分馬紹爾人長得特別高大，比如前議長的卡佩列（Capelle）家族，以及前外交部長的迪布倫（deBurm）家族，都是歐洲姓氏，即為例證。

綜觀這個島礁國家的外來殖民歷史，有系統性經營的只有兩個國家，分別是一次世界大戰前的德國，以及一次世界大戰至二次世界大戰結束的日本。二次世界大戰結束後，分布在密克羅尼西亞區域的馬紹爾群島、帛琉及密克羅尼西亞，才由聯合國委託美國管理，組成密克羅尼西亞聯邦，並有聯邦議會。

要講馬紹爾群島歷史，一九四六年六月三十日絕對是關鍵的一天。

那一天的大白天，美國在馬紹爾群島西北方的比基尼環礁進行第一次核子試爆，從此揭開一連串核子試爆的序幕。

直到一九五八年八月十八日的十二年間，美國總共在比基尼環礁和恩尼威鐵克環礁（Enewetak Atoll）進行六十七次核子試爆，徹底改變這個島嶼國家的政治、歷史、經濟、文化、風俗、環境、生活習慣及健康，至今依然。

走進位於馬久羅市烏黎加地區的阿勒勒博物館（Alele Museum），一張張當年核子試爆的照片貼滿牆上，沉痛陳述那段不堪回首的過往。

博物館贈閱我們《核子的過去，不確定的未來》（*Nuclear Past Unclear Future*）一書，這本書由《馬紹爾週報》主編約翰森（Giff Johnson）訪問十位經歷過核子試爆的地方耆老而寫成，根據書中的敘述，第一次核爆的前三個月，也就是一九四六年三月，一名美國海軍軍官告訴比基尼島上的居民，美國將在這個島進行核子試爆，「這是為了人類及結束世界大戰」（for the good of mankind and to end all world wars.）。

隨後不久，美國海軍就把一百六十七位比基尼島上的居民疏散到西方一百二十五哩遠的朗格里克環礁（Rongerik Atoll），為二次世界大戰後第一次核子試爆做好準備。

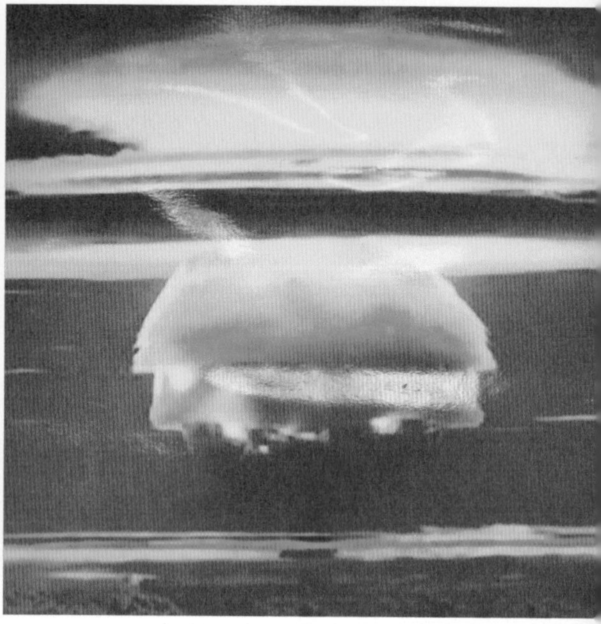

阿勒勒博物館牆上貼滿一張張當年核子試爆的照片，陳述那段不堪回首的過往。

阿勒勒博物館中完整收錄和馬紹爾核子試爆相關的照片、圖片及文章。

六十七次核子試爆的核彈型式、爆炸威力各有不同，每個核彈頭也都各取了不同的名字。

一九四六年六月三十日第一次核爆的那顆核彈頭就取名艾伯（Able），第二顆是貝開文（Baker），後來陸續有優克（Yoke）、佳博（Zebra）、都格（Dog）、易力（Easy）、喬治（George）、金（King）、博瑞歐（Bravo）、洋基（Yankee）、好萊（Holly）、多巴果（Tobacco）、蘿絲（Rose）、安貝拉（Umbrella）等，第六十七次則為費格（Fig）。

在眾多不同中，唯一相同的是地點，六十七次核子試爆幾乎全在比基尼環礁及恩尼威鐵克環礁進行，唯一的例外是第三十五次，選在靠近恩尼威鐵克環礁的海域。

阿勒勒博物館是棟毫不起眼的兩層樓小房子，外觀看來和一般民宅沒什麼兩樣，毫不起眼，一旁就是馬紹爾群島法院。

博物館的陳列室設在一樓，儘管說是陳列室，卻相當簡陋，只有兩間不到七、八坪的小小房間，以及夾在兩者之間的小小走道，所有和核子試爆有關的照片、圖片及文章，全都集中在這條長不到六、七公尺的走道，當有人正在瀏覽掛在牆上的歷史資料時，其他人就必須側身而過，不難想見空間有多麼狹小。

至今依然震撼

即便如此，牆上陳列的照片、圖片及文章等歷史資料，卻是無比震撼。一位叫做安建（John Anjain）的老人說，「一個美國士兵告訴我們，我們的生命比指甲還小，他們把我們當成天竺鼠。」另一位老婦人則說，「他們知道他們在做什麼，他們拿我們當人體試驗。」

相較於這些陳述者的黑白影像，從各種角度拍的核子試爆照片，色彩瑰麗絕奇，形成一種非常詭異的組合。看了一朵朵白色、橘紅色、鮮黃色的蕈狀雲，你不會覺得美，只覺得怵目驚心。

二〇一六年十月，馬久羅市國際會議中心大廳舉行核子試爆資料展，也展出一張兩位美軍將領及一位盛裝打扮的貴婦開開心心合切蛋糕的黑白照片，蛋糕是核爆蕈狀雲造型，今昔對照，令人感慨萬千。

籠罩馬紹爾群島上空的核爆蕈狀雲，成為這個國家永恆的陰影。

兩位美軍將領及一位盛裝打扮的貴婦合切蛋糕，蛋糕是核爆蕈狀雲造型。

比基尼的嘲諷

其實，當時美國核爆成功的消息傳出後，舉世轟動，當年推出一款兩截式的泳衣，就以核子試爆地點的比基尼環礁命名，以示這款破天荒、打破既有傳統的前衛泳衣，多麼具有爆炸性。

半個世紀後，比基尼已成泳衣的代名詞，至於當年核爆及其造成的深遠影響與傷痛，卻少有人知。歷史嘲諷，莫此為甚。

一九七九年十一月，卡布瓦率領國家獨立，一九八五年加入聯合國，卡布瓦擔任馬紹爾群島第一任總統，也是這個國家的國父。為了感念他的貢獻，島上唯一的國際機場，即以他為名。

受到馬紹爾群島影響，帛琉及密克羅尼西亞也陸續獨立建國，儘管不再受美國託管，卻因小國寡民難有積極作為。而馬紹爾群島還是擺脫不了美國的影響，不管政治、經濟、教育、醫療，或是日常飲食生活習慣，都可看到美國的鮮明影子。

小店內的健康風暴

雜貨小店反映了馬紹爾人
樂於分享的熱情，
卻也是垃圾食物流竄的源頭。

在馬紹爾，不管是相對較熱鬧的馬久羅市區，或是偏遠的小社區，總是可以看到一家又一家的雜貨小店。

緊臨馬路的那側牆上，只開了一個小小的窗口，顧客要買東西時，就透過這個窗口告訴店家，店家再一手拿錢、一手交貨把商品從這個窗口拿給顧客，銀貨兩訖。

這種獨特交易方式的小店，對台灣人而言顯得奇怪，卻是馬紹爾群島等太平洋島國才有的風情。

為什麼不能和7－11、全家、ＯＫ或萊爾富等台灣街頭到處都是的超商一樣，採自由進出且開架式的販售模式？

「主要是怕被偷！」家族在馬久羅市長島（Long island）、德拉普及烏黎加等社區開了三家小店的嚴祥瑞說得簡單俐落。只開小窗，就是不讓顧客進到裡面，免得被順手牽羊。

他說，雖然小窗都開得小小的，馬紹爾群島還是曾發生有人在棍子前端黏上嚼過的口香糖，再從小店的小窗口伸到收銀機偷黏紙鈔的案子，可見再怎麼小心防範，還是防不了存心偷錢的人。

不過他強調，就算壞，馬紹爾群島人也壞得很單純，完全騙不了人。

小店林立

人口才三萬多人的馬久羅市，大型超市少說也有五、六家，競爭非常激烈，理應沒有小店生存的空間。但嚴祥瑞表示其實並不然，其原因不在於小店賣得較便宜，而是占了地利之便，以及因應當地人習於分享的個性。嚴祥瑞並保守估計，馬紹爾群島九成以上的小店是台灣人或大陸人開的。

就售價來說，一把湯匙在市中心規模最大的ＫＫ超市可能賣美金九毛錢，但在小店卻可能賣到一塊錢，只不過馬紹爾人出門習慣搭隨招隨停的計程車，雖不管遠近一趟七毛五，來回兩趟就要一塊半，怎麼算都不划算。

至於分享的個性，就更有意思了。在馬紹爾群島，如果你手上拿著一包香菸，別人都可能過來分個一、兩支，吞雲吐霧過過癮。

超市不賣零菸，只賣整包菸，你從超市買了一包菸，自己可能只抽了兩支，其餘十八支都被「分享」走了，就算分享是美德之一，但看在鈔票份上，心難免會痛。

反觀小店有賣單支的零菸，一次只買一支菸，沒人會來要求分享，既省錢也實際多了。

香菸還是小事，嚴祥瑞看過最誇張的是，連剛買回家的電視、冰箱或床墊這種既大又貴的電器用品及家私，都有人要求分享，結果往往一借之後就沒有下文，雙方也不當一回事。

馬紹爾青少年常透過當地林立的小店買垃圾食物吃。

「公共」洗衣機

他曾在自己的部落格，寫了一個大陸人阿華的故事。

阿華是陸商，已在馬紹爾群島待了十年，雖在大陸老家有妻小，後來還是耐不住孤枕難眠的寂寞，在島上娶個體態婀娜多姿的在地辣妹。但歲月終究不饒人，才短短幾年下來，這個辣妹老婆體型完全變了樣，福福泰泰的，早已不復見當年的輕盈身材。

有天，阿華買一台全新的洗衣機，只因舊的那台早被島上高鹽分的海風鏽蝕。工人慢吞吞接好管線和排水孔，確認水管銜接上後院的水塔後，這台洗衣機終於隆重啟用。阿華才送走工人，老婆就迫不及待把家裡的髒衣服全都丟進洗衣機裡，高興洗了起來。

在馬紹爾群島，買新洗衣機可是件光彩的事，阿華老婆的親戚們全都聞風而至，表哥的弟媳、外婆的大嫂、姪女的表舅媽、四表妹的後媽，不管親疏遠近，都跑來欣賞那台全新洗衣機的風采，當然也順便把家裡的髒衣服帶來了。

馬紹爾易致病的飲食習慣代代相傳，需要耐心與決心才能改變。

反正閒著也是閒著，大家就排排隊，一家接一家輪流使用全新的洗衣機，再毫不客氣地倒進大量的洗衣粉，反正在分享的傳統美德下，你的就是我的，沒什麼差別。

不出三天，後院水塔一千五百加侖的水居然用光了。一個星期後，洗衣機的所有按鈕竟全都失去反應，成了一台有著新穎外殼卻一動也不動的大玩具。可悲的是，阿華自己都還沒機會使用呢！

另一個例子，則發生在嚴祥瑞從小就在馬紹爾群島求學的新婚妻子王凡身上。小學剛開學不久，她的一支筆被同學借走，學期結束前發現那支筆在另一個同學手上，期間不曉得已轉了幾手。這就是馬紹爾群島獨有的分享傳統，是好是壞，見仁見智。

代代習慣吃垃圾食物

有人批評小店賣的是即將或已經過期的食品，卻難有定論。嚴祥瑞觀察發現，若從營養觀點出發，小店賣的幾乎都是垃圾食物，但這是經濟市場下的供需問題，短時間內很難改變。

有些小孩，從一、兩歲就開始喝可樂等碳酸飲料，有人擔心他們的智力發展會受到影響，大聲疾呼應重視此事，但進一步探討才知道，大部分是媽媽買給他們喝的，而這些媽媽也是從小就喝可樂及吃罐頭食品長大的，如此一代傳一代，上下世代的健康都飽受威脅。

要改變這種從小養成的飲食習慣，絕對不是件容易的事。中華民國技術團專家張朱揚就說，他們約聘的當地工人，每天平均吃兩包泡麵，雖曾好心建議他們少吃一點，成效卻相當有限，他們還是照吃不誤，長期下來健康不出問題才怪。

飛越兩萬里

跳島式的飛行航程、共乘的計程車、
到處可聽的閩南語，
為醫療團成員帶來不同於一般的
生活體驗。

從台灣到馬紹爾群島有多種選擇，最省時省力的是從關島或夏威夷轉機進去，但機票貴且又難訂，最好提前規劃。如果不想多花錢，可先飛到東京、上海，轉機到關島或夏威夷，再進馬紹爾群島，只是花的時間更多，早上出門，隔天晚上抵達目的地時，往往已精疲力竭。

關島、馬紹爾群島首都馬久羅市和夏威夷就在一條航線上，呈U字型。從關島出發，經馬久羅，終點是夏威夷；反之，若從夏威夷啟程，飛經馬久羅後，終點則是關島。

從關島進去，要花九個小時才到馬久羅，從夏威夷進去，只要一半時間，約四個多小時。從台灣出發，夏威夷比關島遠多了，兩相抵消後，從關島或夏威夷進馬久羅的時間差不多，選擇哪條航線，端視個人喜愛而定。

跳島進入馬久羅

一般而言，從關島進馬紹爾群島是較多人的選擇。這條由美國聯合航空公司獨家經營的航線相當有意思，關島起飛後，並沒有直飛到馬紹爾群島的首都馬久羅，而是採跳島方式，沿途停靠楚克群島（Chuuk）、波納佩（Pohnpei）、科斯雷（Kosrae）、瓜加連環礁等四個島後，才飛到馬久羅，接著飛去終點站夏威夷，完全是採取公車每站都停的概念。

就飛行時間來說，除了關島飛楚克群島這段稍長，要花一個半小時外，其餘楚克群島到波納佩、波納佩到科斯雷、科斯雷到瓜加連環礁，以及瓜加連環礁到馬久羅的飛行時間都較短，每段大約一小時，全程飛行時間將近六個小時，但因

馬久羅機場的販賣部，是醫療團至馬紹爾九小時的長期航程中，最佳的補給站。

每個島都有旅客上、下機，分別停留四十分鐘到一小時不等，整個航程拉長到九個小時左右。

還好，除了瓜加連環礁，乘客可在沿途停靠的其他幾個島下機，到候機室上洗手間，或是活動一下筋骨，稍稍紓解長途飛行的疲憊。如果肚子餓，這些機場都有販賣部，可買些零食或泡碗麵來吃。

不過，有經驗的乘客都知道，長達九個小時航程裡，機上只提供兩次餐點，關島到楚克群島之間是一個冰得冷冷的熱狗、一包餅乾及一包不太酥脆的堅果，科斯雷到瓜加連環礁再發一包堅果，就算全部吃下肚，還是不容易填飽肚子。

各島機場販賣部規模都很小，點心食物種類不多，也不便宜，因此通常會在關島或馬久羅登機前先買好食物，免得在漫長旅途中餓著了。

馬久羅機場有兩個販賣部，分別在出境大廳及候機室，從漢堡、三明治、飯糰、泡麵、冰沙、咖啡到各式飲料都有、以海苔包裹、上面再加一片厚厚罐頭餐肉的餐肉海苔飯糰，餐肉的鹹汁往下滲到飯糰裡，滋味絕美，臺灣衛生中心專案專員徐韻婷每次到機場接送往來的醫護人員時，都忍不住買一個，滿足味蕾。

天堂祕境

楚克群島、波納佩和科斯雷都是密克羅尼西亞聯邦的島嶼，瓜加連環礁則是馬紹爾群島的屬地，各有各的風情。楚克群島、波納佩和科斯雷和一般島嶼沒什麼兩樣，有山有河有湖泊，離赤道不遠，熱帶風情十足，而瓜加連環礁一眼望去就只有高出海平面不多的樹和房子，景色較為單調。

瓜加連環礁是全世界最大的環礁，加上地理位置適中，極具戰略價值，長期被美國租用，一直是美軍在海外最強大的軍事基地之一，搭乘美國聯合航空公司那條航線的旅客，除了在該島下機的美軍和眷屬，以及要從那裡轉船到伊拜島的當地居民外，其餘均不得下機，只能待在機上等候，就算待在機上，也不能對著窗外隨意拍照或攝影。

至於那些要轉船到伊拜的人，不能到處趴趴走，從下機入境那一刻起，都在美軍的嚴密監視下搭船離去，管制相當嚴格。

楚克群島是二次世界大戰後期的知名戰場，一九四四年日本和美國的海軍在附近海域激戰，上百艘戰艦及補給艦被擊沉，長眠海底，如今那些曾叱吒風雲的戰艦已成魚類棲息的樂園，更是熱愛潛水活動者探訪的天堂祕境。

當地政府貼心印製尋訪戰艦的地圖，詳列所有戰艦沉沒地點，還用細筆描繪每艘戰艦的造型，對潛水愛好者或軍事迷來說，具有無比的吸引力。

搭機另類體驗

波納佩擁有完整的熱帶雨林，也是全球平均雨量最多的地方，往往前不久還是藍天白雲好天氣，轉眼間烏雲密布，竟下起滂沱大雨來。那裡的居民善良又熱情，永遠一張笑臉。搭機出國是件大事，不管男的女的，也不管老的小的，頭上都會戴上鮮花編織的飾品，從旁走過，總可聞到一股清香。

各島機場幾乎都貼著海平面興建，跑道旁及盡頭就是一望無際的太平洋。飛機起降時，可欣賞陽光灑落海面的波光粼粼；下機上完洗手間，不妨從候機室大片窗戶看看外面的風景。

馬紹爾的計程車十分密集，幾乎到隨招隨攔的程度。

楚克群島候機室大門外那幾棵開著紫紅色花的九重葛，在南島豔陽下更顯光采。如果幸運的話，另一側走廊邊那棵開著紅白兩色花朵的高大扶桑，可以一睹有著繽紛色彩羽毛的小小蜂鳥，正在細細的枝椏上盪鞦韆，感受牠們快樂的心情。

搭乘從關島飛馬久羅的班機，會有兩種很另類的經驗，一是起降次數頻繁，另一則是機上播放的影片永遠看不到結局。

一般人出國，班機通常會有兩次起降，但關島、馬久羅間的跳島式航班，來回就有十次起降，對害怕搭飛機的人來說，絕對是一次終生難忘的旅程。

至於觀影經驗就更妙了。美國聯合航空公司航班上的影片採自選及自動兩套播映系統，如果未自選要觀賞的影片，每次起飛後，就自動播映當月的主題影片，往往才看到一半，飛機就要降落到另一個島的機場了，影片停止播映，如此一而再地起飛及降落，就算來回兩趟看了十遍，還是沒看到結局。

沒到過馬紹爾群島，你難以想像計程車竟可密集到如此程度。站在首都馬久羅唯一的那條街上，如果等三分鐘還攔不到計程車，那你今天運氣夠背的了。

馬久羅和馬紹爾群島的其他環礁一樣，都由很多小島組成，但有些小島被海水分隔，沒有橋梁連接，也沒有道路，就像一圈斷了線的珍珠。

從高空看，馬久羅有人居住的地區就像環狀對剖成一半的L型，最寬處一百多公尺，最窄處只有十公尺左右，中間由一條兩個車道的馬路貫穿，從最東邊的里塔，到最西側的蘿拉，總長三十幾公里，大概等於從台北到桃園的距離。

計程車滿街跑

馬久羅沒有公車系統，島上也找不到幾輛機車及腳踏車，民眾出門不是走路，就是搭車，如果家裡沒車，要去的地方又有點遠，就只能搭計程車。

在街上跑的計程車，除了車頂上架了「TAXI」招牌外，和一般私家車沒有兩樣，什麼顏色都有，什麼車款也都看得到，甚至連可載十幾個人的小巴士也滿街跑。

213

最讓外來旅客覺得有意思的是，那裡的計程車採共乘制，隨招隨停，任何地方都可上、下車，而且不跳表，而是以島上位於德拉普的唯一一座橋為界，不管搭遠搭近，一律七毛五美元，過了橋再加收一倍的錢。如果要到最西邊的蘿拉，由於太過遙遠，通常會議價，視遠近每趟酌收十至二十美元。

曾經有人無聊到在街邊算車子，結果發現平均每五輛路過的車子中，就有一輛是計程車，不難想見當地計程車密集的程度，站在街邊隨便一攔，不到一、兩分鐘就可上車。

如果不趕時間，可以攔一輛外表較光鮮的車子，坐起來舒服些。即便如此，還是無法挑選共乘者，有時候上車時只有你一人，結果才開不到十公尺，就有兩位提著大包小包東西的大媽上車，你也只能摸摸鼻子，整路上耐心聽著她們扯著嗓門閒話家常。

麥克羅（Macro）是個不修邊幅的中年大叔，生性樂觀，開著他那輛中古韓國現代車在街上討了十幾年生活，常主動找乘客聊天，拉近彼此距離。對他來說，開計程車不必看老闆臉色，想幹活就幹活，想休息就休息，自由自在，他唯一擔心的是賴以維生的車子最近老出毛病，萬一哪天報銷了，恐怕得喝西北風。

和雅各（Jacob）比起來，他的狀況其實還沒那麼糟。雅各那輛白色福特車已老舊到猜不出車齡，前座右側的車門關不起來，引擎蓋鏽蝕進水，右側後視鏡已裂成碎片，至於前擋風玻璃更有幾條長長如蚯蚓般的不規則裂縫，真讓人擔心只要在路上碰個大窟窿就會整個震碎。

即便如此，雅各還是一副老神在在的模樣，把音響開得震天價響，搖頭晃腦地隨著旋律勇敢向前開。

「沒問題的啦！」他樂觀地說，他相信，只要認真開車，上帝不會虧待他的。

互相信任的文化

在馬久羅搭計程車，沒什麼訣竅，就是往街邊一站，伸手一揮，還有空位的計程車就會停下來載客。可選擇上車時付費，也可下車時才給錢，不過大都採行前者，反正大家互相信任就行。

不過，也有人硬搭霸王車，臺北醫學大學醫學系分子寄生蟲暨熱帶疾病學科主任范家堃有次到馬久羅做學童寄生蟲感染率調查時，就碰過提著大包小包的歐巴桑臨時叫司機在路邊停車，打開車門就大搖大擺走了，一毛錢也沒付，任憑司機在車上大吼大叫，她還是繼續往前走，不理就是不理。

看到這一幕，范家堃也不禁搖頭，只能解釋這已是分享的最高境界。也許那位歐巴桑認為，分享在馬紹爾群島是傳統美德，分享搭個計程車，其實也不算什麼，不值得大驚小怪。

氣候變遷的挑戰

雖說在馬久羅搭計程車超級方便，下雨天在島上唯一的街上攔計程車時，還是要小心點。

馬紹爾群島臨近赤道，全年高溫，加上海域遼闊，提供源源不絕的豐沛水氣，經常下大雨，加上這條街兩側的下水道已被泥沙塞滿，完全沒有排水功能，只要大雨下超過十分鐘，就到處積水，一個不小心，就會被車子飛馳而過所濺起的泥水給噴得滿身都是。

對於馬路積水一事，馬紹爾人也不以為意，反正大海就在旁邊，過一陣子積水就會排到大海裡去，沒什麼好擔心的。

然而，馬久羅環礁的平均海拔高度不到兩公尺，一旦下大雨又碰到漲潮，路上的積水就不易消退。優力佳船務代理公司老闆林長生表示，農曆初三、十八及十九這三天海水滿潮，若還下大雨，積水就會變得更嚴重。

有次滿潮，臺灣衛生中心專案專員徐韻婷在靠太平洋側的某個加油站排隊加油，只見一個大浪打來，竟打到前面正在加油的那輛車，把車子裡的人嚇得驚聲尖叫。近年來，受到氣候變遷影響，全球逐漸暖化，她擔心馬紹爾群島有朝一日會被海水淹沒，當地居民將淪為氣候難民。

必嘗老孟餐館

來到馬紹爾群島，很少有人不走進老孟的餐館的。

老孟何許人，竟有如此魅力？其實，從外表看，他其貌不揚，有點像大陸電視劇《宰相劉羅鍋》、《神醫喜來樂》的一線演員李保田，只是個頭高了些。

老孟是東北吉林人，單名一個然字，年近六旬，這十幾年像隻漂浪的海鳥，

老孟餐館是馬紹爾的在地美食。

把老婆兒子丟在家鄉，一個人到處飛，曾到過關島，也在夏威夷待過。根據他的說法，「反正就只會燒幾道菜，就在餐館打工混口飯吃。」

前些年，他轉到馬紹爾群島馬久羅環礁討生活，在一名羅姓台商開的酒店當廚，後來酒店收了，他順勢在總統府斜對面的顯眼角落，租了一間一樓店面，開起中式餐廳。

門口的招牌寫著「東方飯店」，店裡菜單本子的封面上，則大剌剌印了兩行英文字：Oriental Restaurant，中文意思是「東方飯店」，但一般客人都稱它為「孟老闆餐廳」，有些人更省事，「走，我們到老孟那裡吃飯，」連餐館名字都省了。

馬紹爾是太平洋漁業重鎮，也是台灣遠洋漁業的重要基地，遠洋漁民常上岸運補，到處可聽到閩南話。近年大陸遠洋漁業急起直追，上門光顧的大陸人也愈來愈多。不管來自哪裡，老孟展現生意人本色，一律熱情接待，加上他燒得一手好菜，把各路人馬的腸胃款待得好好的。

「沒聽您說謝謝兩字，我一直以為您是日本人，不好打擾哪！」一眼看一名進門就找位子坐下，隨即點了葱薑炒龍蝦和椒鹽魚片外加一碗白飯的中年男人，老孟若無其事地晃來晃去，順便倒杯茶水，直到對方出聲，他馬上堆起滿臉笑容，「您哪裡來的呀？」

「台灣？台灣是個好地方耶！」「您明後兩天若有空，我燒椰子蟹和蘇眉魚給您嚐嚐。」男人連忙推辭，說那兩種都是瀕臨絕種的保育類動物，吃了它不好吧！

「那是台灣，」他得意地說，「這兩種在馬紹爾可多的呢，不用擔心，吃了就是，」他隨即拋下一句，「我燒椰子蟹和蘇眉魚可是出了名的，不吃你會後悔。」

老實說，老孟的餐館有點陰陰暗暗的，過了傍晚，還得邊吃邊打蚊子。老孟呢，偶爾也會指揮手下的馬紹爾籍員工，拿塑膠拍子追著蒼蠅打，但這餐館還是經常高朋滿座，這就不得不佩服他的能耐了。

irlines
VH-YNU

國家圖書館出版品預行編目(CIP)資料

從日出到日落的守護：雙和醫院滾動醫療團在馬紹爾群島的故事 /
林進修著. -- 第一版. -- 臺北市 : 遠見天下文化, 2017.05
面； 公分. -- (醫學人文 ; BMP008)
ISBN 978-986-479-217-7(平裝)

1.醫療服務 2.醫療社會工作

547.17 106007211

醫學人文 BMP008

從日出到日落的守護

雙和醫院滾動醫療團在馬紹爾群島的故事

文／攝影 — 林進修
客座總編輯 — 閻雲

主編 — 李桂芬
責任編輯 — 林妤庭、詹于瑤
封面設計 — 江孟達（特約）
內頁設計與排版 — 江孟達（特約）、翁千雅（特約）
照片提供 — Shutterstock（P.2）、宋立勤（P.139）、邱翰憶（P.170、173）、
林進修（P.190、193、194）

出版者 — 遠見天下文化出版股份有限公司
創辦人 — 高希均、王力行
遠見．天下文化．事業群 董事長 — 高希均
事業群發行人／CEO — 王力行
出版事業部副社長／總經理— 林天來
版權部協理— 張紫蘭
法律顧問 — 理律法律事務所陳長文律師
著作權顧問 — 魏啟翔律師
社址 — 台北市 104 松江路 93 巷 1 號 2 樓

讀者服務專線 — 02-2662-0012 ｜ 傳真 — 02-2662-0007, 02-2662-0009
電子郵件信箱 — cwpc@cwgv.com.tw
直接郵撥帳號 — 1326703-6 號　遠見天下文化出版股份有限公司

製版廠 — 東豪印刷事業有限公司
印刷廠 — 立龍藝術印刷股份有限公司
裝訂廠 — 晨捷印製股份有限公司
登記證 — 局版台業字第 2517 號
總經銷 — 大和書報圖書股份有限公司　電話／(02)8990-2588
出版日期 — 2017/05/31 第一版第一次印行

定價 — NT$380
ISBN 978-986-479-217-7
書號 — BMP008
天下文化書坊 — bookzone.cwgv.com.tw